家居创富记

18位精英操盘手的实战经营案例

萍姐访谈录

王萍 著

北京时代华文书局

图书在版编目（CIP）数据

家居创富记 / 王萍著. — 北京 : 北京时代华文书局, 2022.3

ISBN 978-7-5699-4552-2

Ⅰ. ①家… Ⅱ. ①王… Ⅲ. ①建筑材料工业—经营管理—经验—中国 Ⅳ. ①F426.91

中国版本图书馆CIP数据核字（2022）第038778号

家居创富记

JIAJU CHUANGFU JI

著　　者｜王　萍

出 版 人｜陈　涛
选题策划｜王　生
责任编辑｜刘显芳
封面设计｜仙　境
责任印制｜刘　银
责任校对｜薛　治

出版发行｜北京时代华文书局 http://www.bjsdsj.com.cn
北京市东城区安定门外大街136号皇城国际大厦A座8楼
邮编：100011　电话：010-64267955　64267677
印　　刷｜三河市金泰源印务有限公司　电话：0316-3223899
（如发现印装质量问题，请与印刷厂联系调换）
开　　本｜710mm×1000mm　1/16　印　张｜17.5　字　数｜208千字
版　　次｜2022年5月第1版　印　次｜2022年5月第1次印刷
书　　号｜ISBN 978-7-5699-4552-2
定　　价｜68.00元

【自序一】

愿与你一起见证家居江湖的波澜壮阔

各位读者好：

我是王萍，家居创富会创始人。大家都喜欢叫我“萍姐”，我也很希望能够成为大家的邻家姐姐。

很高兴你能翻开这本《家居创富记》，也很荣幸能被你阅读。

为什么要出版这本书呢？

十八年来，我浸润家居行业，见证了众多经销商的成长，尤其近年发起“家居创富会”这个社群，会聚了数千位行业优秀的经销商。在与大家深度交流的过程中，我发现能够帮助经销商快速成长的，不是各类专业的、学院式的培训，而是对真正来自一线的实战经营案例的学习。

在我们团队组织的大量经销商活动中，无论是各种论坛、学堂，还是游学及参访，最受欢迎的永远是学员案例分享。大家会从中汲取大量的听了就有启发、拿来就能用、用了就能产生绩效的经验和方法。往往自己琢磨了许久不得其解的症结，听了他人的分享后，分分钟茅塞顿开。大家的这些反馈令人振奋。

由此，我萌生了收集行业最佳经营案例，并把它们写出来，以供大家学习的想法。这，就是这本书的由来，也因此，我迈上了整整一年的深度访谈之路……

借此，也为新朋友们介绍一下家居创富会。

家居创富会是什么？

它是一个会聚了家居行业优秀经销商群体的组织，一个学习型组织。

它致力于陪伴行业经销商共同成长，通过实战案例拆解并提供各类学习资源，带领大家共创共进，同时帮助大家进行资源对接，并通过信息共享来提升经营能力。

它的成员囊括了泛家居领域的顶流经销商、成长型经销商，以及潜力经销商。它还拥有大量的品牌资源和海量行业资讯，为大家提供资源对接，助力经营提升。

家居创富会有哪些资源？

作为一个经销商，需要有好的经营模式。家居创富会的精英经销商，众多的优秀经营案例，就是你的资源。

作为一个经销商，需要有好的经营品牌。家居创富会有经过专业团队筛选的、庞大的一二线及成长型、潜力型品牌资源，可为你架起直连桥梁，并获得更多支持。

作为一个经销商，还需要更多的第三方资源来辅助经营。比如，专业培训、管理工具、行业资讯、渠道政策，等等。这些，在家居创富会应有尽有，你都可以直接链接。

1. 优秀的精英经销商圈层

8 000+行业精英经销商和品牌操盘手，搭建一个家居行业高质量商圈，随时随地找学习标杆、交真诚朋友、结优质人脉。

2. 众多的优秀经营案例

汇集众多一线实战案例，假如经营上遇到难题，到这里找对标人物，寻解决答案，学习经过实战验证的案例才能真正帮你解决问题。

3. 丰富的家居行业品牌

超过1 000个经过专业团队考察筛选的优秀品牌，既有各个品类的头部品牌，亦有各个细分领域的潜力品牌。你可以随时精准链接、高效适配，并获取品牌更多支持。

4. 海量的家居行业资讯

汇集行业各类资源，辅助经营，解决经营痛点。

5. 提供经营策略咨询

当然，假如你还有更深层次的服务需要，这里还有一支专业团队，以近20年家居行业的浸润为基础，以庞大的资源信息圈为辅助，为各位提供经营咨询顾问，辅助经营决策，匹配核心资源，使你快速成长，少走弯路。

家居创富会日常有哪些活动?

家居创富会为会员举办各种线上线下“干货”分享活动，每次分享均聚焦实战案例，而每个案例都来自一线优秀操盘手。分享实战案例，让你学习并复制使用，是我们的使命。

每周一次的“萍姐会客厅”已成为家居行业非常亮眼的实战案例分享专题时刻；不定期举办的线下精英课堂，面对面案例分享既充满脑力激荡，又带你结交新朋友；各种行业资源链接活动，通过直达路径带你高效链接；每个季度举办的线上高能短期训练营带你脑洞大开，找到好的工作方法……

除此之外，家居创富会每月还会邀请跨界高手来分享，帮助大家打开视野，提高格局，升维思考，同时链接更优秀的圈层。

每个案例都如同烈火真金一般闪闪发光。无论是经销商、操盘手，还是一个门店的店长，抑或很多家居品牌创始人、职业经理人，都能从中收获良多。我一直相信“一线有神灵”，脱离一线，任何打法都是纸上谈兵，这也是我一直坚持组织大家学习实战案例的初心所在。

这就是我们的家居创富会。用共同学习陪伴成长，用资源互助帮你降低成本，用思维开悟助你事业起飞。

所以，如果你是：

资深经销商，想要思维破局、突破瓶颈；

成长型经销商，想要学习标杆，实现持续增长；

起步期经销商，想要学习优秀经验，少走弯路；

跨界入行新经销商，迫切需要找路径链接资源；

单品牌经销商，想要学习如何把一个品牌做精、做透；

多品类经销商，想要学习如何搭建自己的家居经营生态……

抑或，你是：

大商操盘手职业经理人，想要提升综合运营能力，轻松带团队；

优秀门店店长， 想要打造标杆门店，实现业绩翻番；

经销商二代，想要吸纳更多创新思维，接好父辈的班……

那么，请关注家居创富会， 在这里你将获得远超预期的成长……

为了帮助大家更好地相互链接，我们专门配置了十位运营助手来服务广大会员，聚焦做案例打捞，协同做人脉引荐，帮助做资源链接。

家居创富会公众号

关注萍姐微信

与优秀为伍，才能让自己更优秀！

用学习陪伴成长，家居创富会欢迎你的加入！

王萍　2021年12月20日

【自序二】

这群人，改变了中国大家居产业

过往30年，是中国大家居产业发展的黄金时代。推动这一轮产业发展滚滚向前的重要角色，就是数百万计的经销商。这么多年来，他们艰苦奋斗、锐意进取，汇聚成一股澎湃力量，浩浩荡荡！这其中能人辈出、标杆崛起，出现了一批精英经销商。

他们投入数年时间，把一个城市做透，把一家品牌做强，在终端真诚服务每一位客户。即使市场风云变幻，依然兢兢业业、躬身而行。他们用自己的勤奋努力和经营智慧，成长为时代的弄潮儿。无论潮起潮落，始终初心不改。从他们的经历里，总能看到光芒。

那么，究竟是什么促成了这些奋斗者们的成功？他们是如何起步、如何发展、如何带团队、如何渡过一道道难关，披荆斩棘一路走来？他们的经营密码、人生信条是什么？相信这些，对于在路上的后来者们、遭遇瓶颈的徘徊者们，以及困惑茫然、不知未来发展方向的经营者们，都会有很大的启迪。

为此，我花费了整整一年的时间，带队走访、调研，访谈了近百位优秀经销商，通过与他们的对话与思考，从中选择了18个典型的大家居经销商的故事，最终形成了这本《家居创富记》。他们来自家居建材行业的多个细分赛道，既有20多年埋头躬耕的资深老帅，也有激情四射、驰骋江湖的10年精锐，更有崭新入局、思维领先的“90后”“95后”。

在访谈过程中，我们团队深深为之震撼，所以书中统称他们为“家居英雄”。

这些经营案例的主角涵盖了一、二线城市的精英，也囊括了三、四线地区的王牌。我们要做的，就是力图发现他们奋斗与成功背后的故事。读懂他们，更能帮助我们读懂行业、理解趋势、掌握经验、提升能力，汲取前进的动力。

他们脚下踩过无数艰难与困苦，才点亮滚烫的人生。在他们身上，我们总能看到坚持，感受到热情，总会被他们强大的个人能力所折服，为勃勃雄心所感染。并且，他们大多数人足够勤奋，能保持对市场的敬畏、对未来的谦逊，并投身于前沿的学习。

这是一本中国家居史上真正意义的实战案例访谈录，力求纪实、详尽、可落地、可参考。虽然本书没有花哨的文笔、华丽的辞藻，读起来可能也没有那么生动，但是真实细致的内容对于真正的经营者来说就是一笔财富。

感谢本书的内容提供者——18位优秀精英操盘手毫无保留的分享；感谢协同我一起访谈整理内容的著名家居观察人邓超明老师，以及支持我的各方家居人，还有我的团队伙伴们……更多要感谢的人，无法一一道来，这里一并致谢！

相信大家的付出会让更多从业者少走弯路，并对家居行业的发展有所促进！

最后感谢每一位捧起这本书，开启学习之路的读者们！

王萍　2021年12月23日

【大咖推荐】

看完这本《家居创富记》，一幅中国家居行业的宏伟画卷徐徐展开。这本书集合了18位优秀家居经销商的故事，有的是十几年的老将，有的是“90后”新锐。单兵这位家居老将，2008年入局家居行业，凭借执着、坚韧、专注，从多品牌到聚焦左右沙发，在省会城市郑州取得了非常好的战绩，他的经历会对很多经销商有所启发。有着近20年家居行业经验的王萍，用心访谈这些经销商，给后来者带来一些启发，为家居行业做了一件大好事，非常值得称赞。这本书值得推荐给所有家居人。

——深圳市左右家私有限公司董事长　黄华坤

有老而弥坚的泰斗，也有锐意进取的新人，这才是我们充满活力的家居江湖！感谢王总，用一本书将18位优秀家居人的故事娓娓道来，凝练成《家居创富记》这令人拍手赞叹的行业宝典。现如今，越来越多的“90后”新锐进入建材行业，书中写到的孙海东就是这样一位年轻后起之秀，他经营德尔地板时间不长，却在上海这个兵家必争之地打出了属于自己的一片天地。读完他的故事，你可以感受到一个毫无背景的年轻人如何凭借自己的努力而获得优秀品牌青睐，又如何通过自己的不断学习更新迭代，获得高速成长的路径。

相信每一位经销商都能从本书中找到灵感。

——德尔未来科技控股集团股份有限公司（股票代码：002631）总裁

姚红鹏

在碎片化的信息时代，当一位作者以集文成书的严谨论述家居建材这个大江湖的时候，我想一定有重要的话要说，一定有沉淀已久的心得不吐不快。

作为家居业界者，奥普用爱创造了一件件温暖家人的产品，这样的理念同样传承在上海奥普应总的身上。一次五分钟的服务不算什么，但一次次五分钟的服务，才是这个时代能够披荆斩棘、逆势增长的真正内在逻辑和真谛。

我们都说要做大事，但纵览全局，大事往往是从一件件小而美的事情沉淀积累开始的，不忘初心，与君共勉之。

——奥普家居股份有限公司（股票代码：603551）执行总裁　吴兴杰

王总是老红星人， 伴随着红星美凯龙一路成长到高层。她是中国家居建材行业发展的见证人，也是一位有眼界、有情怀、有智慧的人，江湖人称萍姐。

萍姐这本《家居创富记》创作用时一年多，深度访谈了家居建材行业的18位精英代理商，其中就有威法的深圳代理商韩超东。当年，面对深圳威法的困局，韩总从店面形象、销售培训、渠道建设抓起，设计出很创新的“多店多股东”管理模式，在深圳开了10家店，带领团队做到了威法代理商体系的第一名。

萍姐的这本书我很期待，一次认识这个行业中18位精英，去聆听和品味他们的创业故事，是很过瘾的事情。同时，也用这段文字预祝威法和韩总事业辉煌!

——广东威法定制家居股份有限公司董事&总经理　王超

王萍女士在家居建材行业浸润多年，既有宏观的格局，开阔的视野，又有丰富的行业经验，敏锐的市场洞察力。这部著作蕴含了深厚的终端运营管理经验，是品牌和经销商经营管理必备的参考书。

经销商是链接品牌和消费者的桥梁，也是对市场最敏感的“末梢神经”，大家的执着追求和不懈探索，推动了行业不断地更新迭代。郭亚洲是尚品本色新生代经销商的优秀代表，他充满激情，不惧挑战，热爱学习，乐于分享，为我们树立了积极创新的典范。

我们处于一个极具挑战的时代，市场变化成为常态，如何重构思维模式和经营策略，值得每一个人深思。感谢红星美凯龙提供宝贵资源和交流平台，让我们能够借助群体智慧，激活组织，创造更多盈利和增长。

——尚品本色智能家居有限公司董事长　李鑫

谢谢王萍老师的《家居创富记》，通过讲述付氏兄妹和凯丽家居的故事，为每一位热爱家居的经销商揭秘凯丽家居的成功奥秘……

郑州凯丽家居，作为美克家居加盟体系最优秀的品牌运营商，连续多年获得年度销售冠军。尤其是在今天市场竞争激烈、布局完善的环境下，实属不易。我想这与他们一直坚持秉承“要想客户不挑剔，就要比客户更挑剔”的理念，选择品牌，为客户提供服务具有直接关系。天道酬勤，“耐得住寂寞”，脚踏实地成就了今天中原家居的一个奇迹。凯丽家居可能没有经历过什么高光时刻，因为它就是我们家居行业引领大家前行的那道光。

——美克家居A.R.T.（股票代码：600337）首席运营官　葛承康

一部卓越的经营法则，聚焦一名名精英经销商的成功定律与信条，道尽他们的财富密码和商业智慧；一群行业的坚守者，他们蓄势而进，乘势而上，积极开拓领头向前，勇于做有担当、有志向的实践者；一位新时代的女性，她经验丰富，从容自信，打破固有的标签与局限，敢于做满怀激情的梦想家；希望在未来，我们行业的画卷更为绚烂与辽阔，也能涌现出越来越多这样的“她力量”！

书中记录到北美之家的优秀代理商代表梁帅，他的进取精神以及优秀经营打法也值得广大读者品味和学习。再次感谢王萍团队的用心之作。

——铭晋家具公司董事长、北美之家品牌创始人　吕邱进

萍姐作为资深家居人，耗时一年多采访了诸多家居行业优秀精英，结集成册供行业学习，值得尊敬。书中讲到了CBD优秀经销商代表李红俊的故事。事实上，我国软体家居市场处于高速发展阶段，千亿级市场机会非常多。要如何抢占市场？我们或许可以从老李的身上找到答案：他用十五年时间，深耕一个品牌，深耕一个细分领域，可以说在一米宽的赛道里，做到了一万米深。

“他山之石，可以攻玉”，我想不仅是老李，其他优秀案例对于家居行业的从业者来说都是一笔宝贵的财富。推荐大家都来读一读这本让我受益匪浅的《家居创富记》。

——CBD家居董事&执行总裁　周建平

目录 ‖ CONTENTS

篇章一

开疆拓土的家居老将——孜孜不倦、深耕行业的执着者

篇章二

乘风破浪的中坚力量——与时俱进、不断开拓的探路者

篇章三

正在崛起的“90后”新锐——创新思维、引领时代的后来者

篇 章 一

开疆拓土的家居老将——孜孜不倦、深耕行业的执着者

01 从经销商到企业家，他如何数次突破瓶颈实现跨越？

家居英雄

姓名：孔祥君

来自：江苏南京

一位极具胆识的家居人，二十六年的时间专注建材销售，从小品牌走到大品牌，如今形成以零售为核心，工程管理中心、渠道管理中心、市场运营中心三匹发动机为辅助，建立起全渠道军团打法，为经营带来稳定驱动力。

故事前情

与孔祥君的交流中，我们没有感受到那些激情四射的雄才大略，更多的是踏实稳健的运筹帷幄。在他平稳的语速、睿智的眼神中，我们能感受到几十年的行业沉淀使他早已不仅仅是一个经销商的角色，身上更多了一分企业家的稳重风范。

二十六年时光荏苒，见证了秦淮河上的日升月落，见证了金陵的岁月变迁，也见证了孔祥君从两万元起步，做到亿级规模的创业神话。

二十六年间，孔祥君一路披荆斩棘，在行业的变局中多次蝶变，不断突破别人没能突破的天花板，让事业在不断重生中绽放出如今的耀眼光华。在这个过程中，决定他人生走向的不是命运，而是他在市场变幻中、在机遇的把握中，都起到了决定性作用的——胆识。

高手过招

纵观岁月，胆识让他在行业更迭中持续深耕

以此为生，精于此道。

这是《东鹏之道：和衷共济40年（1972—2012）》中的一句话，在孔祥君第一次到东鹏佛山总部考察时，董事长何新明将这句企业精神和这本书一起送给了他。孔祥君瞬间对这句话产生了深深的共鸣。他二十六年的经销生涯，不正是“以此为生，精于此道”的鲜明写照吗？

（一）初入市场，大胆开拓销售渠道

1995年，孔祥君入行，当时的建材市场态势还很不错，在孔祥君的家乡有很多瓷砖乡镇企业，有着丰富的货品资源。恰逢彼时南京在进行旧城改造，独具胆识的孔祥君认为，这个市场一定会有机会，于是只身前往南京。

刚起步时条件十分艰苦，他白天开门做生意，晚上就睡在瓷砖上。初来乍到的他并不知道怎么做销售，只是开门等客上门，惨淡的结果可想而知。但是在一年的摸索中，孔祥君逐渐受到了一些启发：他在销售的过程中，发现了一些诚信度比较好的客户，于是他大胆地开拓了一个全新的销售方式——赊销代销。

这种模式是指，当一大批货物运达后，直接在路边卸车分销给代销客户，先拿货，卖掉之后再收钱。这种赊销方式在那个高速发展的年代

是能够迅速打开销售渠道的办法，但其中的风险也相当大的，稍有不慎就会血本无归。

孔祥君在考察了客户的诚信度后，大胆出手，高风险为他带来了高收益：在那个月工资五六百元的年代，他的一车货就能挣2 000元，生意火爆的时候一个月能挣1万元，于是迅速积累了第一桶金。

（二）调整思路，大胆开启代理之路

1997年，进行两年销售工作后，孔祥君调整了自己的经营思路，开始谋求新的发展，计划走代理路线。在当时的陶瓷行业里，属于“正规军”的陶瓷品牌不多，所以他精挑细选了一个有一定品牌效应的陶瓷品牌，是一家上市公司的子品牌。

同时，孔祥君也对经营方式做出了调整，改为仓库与分销相结合的方式。即，先建立营销中心和仓库，然后安排人去建材城找代理商做分销，走批发路线来增量。优良的市场环境和主动开发销售渠道的做法，使得孔祥君的业绩非常好，不久就拿到了该品牌在多个城市的代理权，高峰期运营了六家销售中心。从1997年到2004年，孔祥君一直是该品牌的销售冠军。

这段经历不仅帮助孔祥君积累了大量的市场资源和资金，也使他积累了大量宝贵经验，为他日后的事业打下了坚实的基础。

（三）转型失败，大胆借贷重启事业

2004年，伴随着所经营的品牌改制，孔祥君也开始了转型。品牌把工厂承包给了经营团队，孔祥君便以经销商身份入股，成了瓷砖工厂的第二大股东。2004—2007年，他主管品牌的全国销售，但是这三年他并

没有找到施展的空间，于是2007年他果断放弃这个事业，重返南京继续做陶瓷品牌的经销商。

刚回到南京时孔祥君的启动资金不足，为了重新代理品牌，他售卖了两套房产，又向岳父借了40万元，用这些资金代理了一些中小品牌。他借助之前的市场运营经验以及当时市场的火热形势，短时间内便让几个品牌获得了不错的销量。不过，目光长远的他觉得，中小品牌的成长空间总是有限的，他希望能进行更大的挑战。

（四）当机立断，大胆下手代理东鹏

2014年，这个挑战如愿而至。那一年孔祥君得知东鹏陶瓷要调整南京的代理商，他毅然决定抓住这次机会。

当时东鹏在南京已经经营了两三年，也投入了许多资金，但是市场局面一直没有被打开。而且东鹏的加盟门槛很高，需要投入数百万启动款。孔祥君知道，想要经营好东鹏这样的优秀大品牌，就要有优秀的团队与之相匹配。而自己的团队只有二三十人，对大品牌的营销也不甚了解，他并不知道自己的实力是否真的能够胜任。

但是凭借着近20年在南京做瓷砖代理的沉淀，孔祥君充分发挥了他熟悉市场、人脉资源丰富、业务能力出众的长处，代理东鹏一段时间后便取得了十分可喜的成绩：2015—2017年，孔祥君连续三年超额完成任务，无论是团队的发展，还是渠道的拓展均取得了高速增长，成功跻身东鹏瓷砖优秀经销商代表之列。而东鹏也因孔祥君的高速发展而给予他大力支持，为孔祥君事业的腾飞插上了翅膀。

“当时的我就像武林高手，在没有利剑的时候，就苦练内功；等到利剑在手，就立即所向披靡！”谈及这段“冲动”的历史，孔祥君打趣地将东鹏品牌比喻成了利剑。虽然他笑得轻松，但作为局外人的我们来看孔祥君的这段经历，他的勇气与果断决策是常人所难以企及的，也正是这种特质，让他在下一个转折中有了全新的突破。

（五）跨界转型，大胆进军定制行业

2018年，随着精装房的逐步发展，瓷砖零售市场开始下滑。孔祥君再次以敏锐的触觉感受到了市场的变化，他认为：未来家居市场的走向应该是向着精装修后市场驱动的。所以，他开始有意识地关注定制家居品牌。一段时间后，机会再次降临眼前——欧派计划更换经销商，大胆的他毫不犹豫地选择投资代理。

从瓷砖跨界到定制行业，很多人都不看好他的选择。但孔祥君认为，市场趋势摆在这里，精装修、全屋定制一定是热点，是必须要做的。如果一定要做，那么欧派这把“利剑”就一定是第一选择，要是连欧派都做不好，代理其他品牌肯定更难。

接手欧派后，他林林总总投入了2 000万元。从当时的情况来看，如果失败，公司的现金流将面临危机。所以这一次孔祥君在分析了自己的强弱项后，采用了新打法，迅速聘请了专业操盘手来主持欧派业务，弥补自身短板。

随后短短一年，欧派的销售业绩就接近翻番。

双品牌运作还促使他做了一个颇具前瞻性的布局。

（六）前瞻布局，大胆开拓综合园区

为了进一步整合资源，将旗下东鹏和欧派两大品牌都实施企业化管理运营，孔祥君斥巨资建立了两万多平方米的自有物流园，将欧派的安

装部门、东鹏的物流部门、瓷砖的加工厂区等，都放在物流园，提供一条龙服务，此举大大降低了经营成本。

当时这个行为无疑是一盘“超前大棋”，他为什么会想到这么做呢?

原来当时众多瓷砖经销商都是在郊区租赁仓库，但是一旦遇到生意好，或者当地要开发的情况，仓库就要搬家，几乎三五年就要搬一次。而且，在精装房主导房市的情况下，装修公司的统一采购让经销商的利润越来越薄，急需一个新模式。

孔祥君在双重因素的考量下认为，此时的经销商要解决这些问题，就要提升自身的经营和服务能力，这个能力便包括仓配、物流、加工等后端服务，后端做好了，再去提升中端的运营能力，从而实现全盘水准的提升。而这盘“超前大棋”，就是孔祥君以他的胆识布下的全新战略。

横观当下，胆识让他在不同市场中繁荣盛放

正如前文所说，如今的家居建材行业经销商不仅要做后端服务，更要做中端服务，要做品牌的“两商”——服务商和运营商，孔祥君为此制定了全新的经营方式。

（一）全渠道运营，带领两个品牌打破增长天花板

在孔祥君的经营战史上，全渠道运营一直是公司不断向前发展的关键推动力。

1. 东鹏：三招并举，实现业绩快速增长

2015年，孔祥君接手了东鹏南京市场，仅用三年时间，便将原来不足1 000万元的提货量提高了数倍，在经销商队伍中名列前茅。其中的一个关键举措就是三招并举的全渠道推进。

（1）全盘布局，核心店面迅速扩张

最初接手时，直营与分销加在一起才有七八家店，所以孔祥君接管后的第一件事就是建设核心店面。他仅仅用了两三年便将店铺数量扩大到了30多家，决策快、速度快。

孔祥君在建店时，并不单纯从收益角度考虑，而是从整体规模判断是否需要建某一家店。如果细算单店的产出，靠它的自然零售，不一定能盈利，但这些店存在的意义是满足承载性的业务：比如接待装修公司、工程方的来访；在分销商活动时提供落单场所等。

（2）专人专职，每个渠道分工负责

扩展店面数量的同时，孔祥君还积极拓展渠道，如工程集采渠道、整装家装渠道、设计师渠道、分销渠道等，并且安排专门的团队针对不同的渠道对接负责，以保持全渠道的稳定产出。近两年南京陶瓷市场大洗牌，但东鹏的份额还能稳步提升，除了品牌的强势赋能外，全渠道运作保持的均衡发展，也是其中重要原因。

（3）工程板块，突破传统渠道限制

在瓷砖零售渠道整体下滑的环境下，很多品牌销量纷纷呈现断崖式下跌，甚至直接跌出大众视野。但是得益于孔祥君打造的全渠道运作方式，尽管传统零售渠道有10%~15%的下滑，但工程战略集采渠道却非常稳健，切入工程板块的大项目目前已占到40%左右的比例，稳健提升。

2. 欧派：三招并举，打破销售天花板

孔祥君接手时的南京欧派已经有130多名员工，但是成交额却始终没能进入品牌前列。由于之前只要店面位置好、店长能力强，自然客流就能转化不少收益。因此，以店面为单位的店长核心制在定制市场一直占有很大比重。然而，随着市场的不断发展，这种经营模式的弊端开始显现，抗风险能力也越来越低。

在孔祥君接手后，便以他充满胆识的三招打法让南京欧派销售迅速打破天花板，市场占有率快速得到提升。

（1）全渠道深化扩展

对于原有的销售模式，孔祥君做了颠覆性的转变，他开始实行全渠道运营的模式。

在这种模式下，他建立了整装部、家装部、分销部、工程部、新零售等多个部门，只要能触达的渠道，都安排了专人运营，把渠道做全、做细。这样相较于常规经销商只有一匹以零售为核心的发动机驱动，孔祥君相当于增加了工程管理中心、渠道管理中心，以及市场运营中心三匹发动机来对接总部的流量，相互赋能。

（2）多年来资源积累

追溯到很早的时候，孔祥君就已经敏锐地发觉工程渠道的放量对销售业绩会有不小的帮助，所以他很早便开始了工程资源的积累。到2021年，东鹏的工程资源占比约40%，欧派的工程资源占比约20%，一路积累，一路开发，资源也越来越强大。

（3）操盘手能力提升

近几年瓷砖的零售难度日渐增加，主要是因为消费者装修时大多会外包给装修公司做全案，很少会买基础主材，这就导致纯零售占比缩减

到百分之十几。

所以孔祥君将运营的重点调整到了渠道上，不断提升与B端客户对接的操盘手与管理团队的能力，以便能够更好地维护运营整装公司、家装公司等渠道的资源。

（二）抢占新流量，从快速到便捷，打造运营新模式

前几年，瓷砖业务的省级联动效果不错，也就是全省联合，通过卖卡的形式把客户召集到南京，做活动、看产品等。而随着互联网的大潮袭来，曾经被奉为绝杀的模式已经完全落伍。

孔祥君根据市场形势、社会风潮，大胆调整，引进了一系列全新的营销方式，比如新零售电商、直播、拎包入住等，开启了新时代的全新营销布局。

1. 新零售与直播，通过活动拉节奏

2020年，直播成了销售的全新潮流，家居品牌也纷纷加入其中。

孔祥君当机立断，组建了自己的直播团队，5人左右，由员工做主播。先期团队平时会收集客户交房情况等信息，然后直播团队根据这些客户的需求，量身定制直播销售的产品组合，让每一场直播都能精准直击消费者痛点，从而带动购买。现在孔祥君的团队每个月都会有3~5场直播，效果都很不错。

2. 拎包入住，套餐化销售抢市场

针对欧派的定制属性与市场趋势，孔祥君将这几年的发力重点定位于拎包入住。

首先，先期团队通过与物业、开发商等多个渠道合作，在交房前便抢占先机；其次，由动销团队到小区内征集几套样板房，打造成不同的

风格；最后，通过业主见面会等形式，邀请客户现场参观，现场落单。

同时，在产品销售上，孔祥君也大胆为样板房实行套餐化销售政策：将柜子、家配、窗帘等做成一个打包价，不仅售价低于市场价，而且可以为客户量身定做，实现风格一体化。这样的套餐模式不仅可以满足消费者省时省力的便利需求，而且对整体品质也有所保障。

并且，孔祥君还将直播的方式引入拎包入住的渠道中。主播会在线上带领客户参观、为客户讲解，吸引客户关注品牌、体验产品，为没有时间去样板房参观的客户提供了一个更快速全面了解产品的方式。

深挖内核，胆识让他在内部管理中全力突破

作为经销商老板，孔祥君始终认为：规模做大之后要想打破成长的瓶颈，重点就是把平台搭好、把机制建好，让企业有竞争力。同时，要找专业的人操盘具体业务，做强管理，夯实体系。

（一）搭平台，建机制，创造企业竞争力

在孔祥君看来，企业未来的核心竞争力，在于团队的能力。而团队的打造，在于企业的平台与机制。只有建立了合适的机制，人才才愿意留下来奋斗，这是一个相辅相成的关系。所以孔祥君把零售业务交给了专门的负责人，创造业务平台，带领一线人员提升能力。

同时，孔祥君建立机制来保证员工的发展空间。比如，每年施行店长竞聘机制，让每个员工都有晋升的空间；再如，通过业绩对赌激励员工争取丰厚奖励；又如，针对管理层的二级利润的二次分配、超额利润

分红，让优秀管理者留存；复如，针对优秀员工提供配股奖励，共享公司收益等。让优秀人才愿意留在这里，与公司一同奋斗。

（二）挖人才，留骨干，打造团队吸引力

东鹏与欧派这样的双头部品牌结合体量在南京可以说是首屈一指的，强大的实力在人才市场中自然有着不一样的市场地位，更能吸引优秀人才的加入，加之良好的人才政策，让其在人才战略上更是如虎添翼。

孔祥君一直通过搭建广阔的平台、建立极具吸引力的机制等来吸引优质的新鲜血液。选聘好的操盘手与骨干团队，负责具体业务，并将20余年积累的资源分流给团队，让他们快速产生业绩，从而树立强大经营信心。

在这些团队管理机制的加持下，孔祥君团队的骨干员工的流失率非常低。到2021年，整个团队已达400人左右，成了南京家装市场的一支劲旅。

远眺未来，胆识让他在市场变幻中再造传奇

孔祥君认为，在如今这个向品牌集中的时代里，新经销商们想要做大做强必须做到以下三点：一是要做好选择，好品牌才有大发展；二是要勤于观察，了解趋势性品类，并且投入热情；三是要发现不足，打造过硬的运营能力、服务能力。

同时，对于孔祥君自己来讲，他也有着不一样的规划：

一是在做强手中两大品牌的基础上，考察一些未来的新领域、新产

品，在内部孵化培育新的项目；二是将公司向平台化转型，打造共享型组织，建立高水平的机制，吸引更多优秀的人才加入，借助股权激励的方式，成就一批有梦想、有能力的人。

江湖“萍”说

成功的企业家，往往都拥有成大事的性格与能力，他们看得到行业的方向，敢于出手抓住稍纵即逝的机会，能预判风浪并提前做好应对。

孔祥君就是这样的老将，有胆识，敢做大事；有勇气，有大视野。伴随产业大潮一轮又一轮的市场变化，在每个关键时刻都能抓住腾飞的机会。在南京这样一个足够大的市场中，经过多次选择后，抓住了东鹏、欧派两大实力品牌，打下了一片广阔的天地。

他的专注给我留下了深刻的印象，26年时间都在专注于瓷砖，从小品牌做到大品牌，最终聚焦东鹏，能够如此专注的经销商，非常少见。关键在于不同的发展阶段，他都有不同的应对方法，无论外面市场如何变化，品牌在他手里始终保持增长。

孔祥君的经营方式里，全渠道的打法对整个业绩的贡献非常大。他没有局限于传统的优势资源，而是不断拓宽渠道面，快速锁定那些新兴的主流赛道，并且设立工程集采、整装家装、设计师、分销等重点渠道，援引他的说法是，“在零售发动机的基础上，又增加了工程管理中心、渠道管理中心、市场中心三四发动机”。

值得注意的是，很多零售经销商不做工程业务的时候，孔祥君就动手切入工程板块，推行“零售+工程”的双栖战法，抢先部署，踩准了精装房交付、瓷砖销售向B端迁移的变局。

作为资深家居老将，孔祥君却充满了创新锐气，并且十分热爱学习新知识，在行业中率先组建了自己的直播与短视频团队，保持每个月的直播场次。同时，重点发力全屋拎包入住等，无不紧跟当前的市场变化。

我能深刻地感受到，这位经验丰富的大商又开始了一轮新的征程。他已经完全具备一位优秀企业家的风范。

02 五分钟感动服务，一年创造3万单销售

家居英雄

姓名：应伟东

来自：上　海

他草根出身，摆过地摊、做过工地、卖过水泥、干过水电工……从基层一步步走到上市企业渠道体系的销售冠军；他制定的合伙制激发团队用8个月完成了13个月的业绩；他摸索出的安装师傅激励系统以及五分钟感动服务，实现了30%的老客户复购……

故事前情

客观来讲，吊顶在整个建材体系里，并不是一个非常大的品类，但上海驰琳公司的创始人、奥普吊顶上海经销商应伟东，却颠覆了我们的常规印象。

他把吊顶业务做到了极致，不仅是奥普渠道体系里的领跑者，而且成为大家居产业里一等一的高手。

他创造了四项漂亮战绩，至今同品类无人能破：

1.150平方米左右的单店，实现年营收超千万；

2.2020年全面推行合伙制，8个月完成了13个月的业绩；

3.多年探索，最终建成了一套非常有效的安装师傅激励体系，并在终端落实五分钟感动服务，实现30%的老客户复购；

4.探索出独特的合伙制模式，最大化激发团队能动性，帮助家居渠道职业经理人实现财富梦想。

他的创业经历、观点，以及在经营管理、流量运营、售后服务、老客户转化等环节采取的措施，对很多经销商来讲，都有非常大的参考价值。

高手过招

从摆地摊、开小店，做到驰骋上海滩的吊顶大商

应伟东1994年到上海，如今已有27年时间。前12年，他打工、摆摊、代理小品牌，历尽艰辛；后15年，他借助奥普家居实现事业蝶变，其间不断创新探索新领地，走在了同行的前面。

1994年，应伟东在老家总是听人说到上海，觉得大上海有很多商机，于是决定到上海找份工作，来了之后发现在上海生活并没有想象中那么容易。

刚到上海的几年，他做过很多苦差事，如做工地，卖水泥、黄沙等，还干过水电工，也曾到马路边摆摊，辛苦不言而喻。

转折发生在1996年，当时应伟东家乡浙江嘉兴的浴霸逐渐赢得市场认可，他也有了一些积蓄，就想回乡卖浴霸。正巧红星美凯龙真北店开业，他就想到商场开个店。

刚开始，他做很多品牌，什么赚钱就做什么，对品牌不了解，也没有品牌意识。还尝试过销售小家电，但不太成功。虽然这段经历不太顺利，但他从中积累了不少经验，认识了很多做得不错的老板，也跟着他们学了不少知识。

直到2006年，应伟东接触到奥普，了解到它的品牌实力、经营口碑，决定正式代理。他认为必须代理实力强、潜力大的品牌，因为没有品牌，就没有发展空间。代理奥普后，应伟东获得了规范化经营的指

导。当时市场行情也非常好，生意比较好做。在2012年之前，靠商场自然客流，业务就赢得了高速发展。在之前，一个店面仅需两名员工就能正常运转；而现在，一个店面至少要七八个人。

成为奥普经销商之后，应伟东能够快速在上海市场崛起，并不是坐在店里等客就行，他也付出了很大努力。应伟东始终牢记两点：一是一定要勤奋，全力以赴做事；二是一定要相信自己，相信这份事业必然能成功，信念非常重要。

在战术策略上，应伟东根据市场变化，采用多种符合趋势的营销措施，如联盟营销促进了整个公司的业绩提升。

2012年，应伟东牵头启动联盟营销，那时很多人根本没有这种意识。他动手早，抓住了第一拨机会，联盟整合了十家知名品牌，随后每年，应伟东都要组织十几场联盟活动。高峰时期，每个月会有两场。

不过，应伟东也发现了联盟营销的缺点，如订单集中到一起，对公司现金流、仓储、安装等造成冲击，安装无法跟上，影响客户体验。于是，应伟东对联盟营销做了调整，如调整考核标准，重点考察整个活动过程中，销售人员能够签到多少单，而不是把所有订单都集中到某一天爆破，从而确保后续的安装服务质量。2012—2016年，联盟活动带来的业绩贡献非常不错。但2017年后，效果逐渐下滑，他又及时调整策略，退出联盟，探索新办法。

一路打拼与创新，一路收获掌声。2021年，应伟东创办的上海驰琳实业有限公司，已拥有6个直营店、4个加盟店，以及十几个家装公司门店，总计20多家门店，产品包括集成吊顶、浴霸、照明、艺术墙面、晾衣机、阳台空间等。

合伙人机制激发团队能动力，8个月完成13个月业绩

2020年，应伟东面临严峻挑战：受新冠肺炎疫情的影响，前4个月几乎没有业绩。但从5月到12月，仅用8个月就实现了扭亏为盈，并创造出了13个月的业绩，超额完成原定计划。是什么让应伟东实现了这样的成绩？

原来，应伟东按照三七开的比例推行合伙制，最大限度地激发了各部门、各门店的潜力。在公司内部，应伟东与各部门的负责人、各门店的店长达成了合伙协议，从销售、物流、安装、人物、财务等方面形成分利模式，按照利润的百分比分红，员工可以拿到70%，公司只留剩下的30%用于经营。

合伙人制度的推行并不是临时起意，其雏形来自2016年，当时吊顶业务的市场环境发生了明显的变化，如定制家居走俏，出现了很多定制大品牌，对人才的吸引力很强，导致部分骨干去做定制。

应伟东担心，如果一直采用传统经营模式，骨干人员的流失现象会越来越严重。人才流失会消耗大量成本，毕竟培养一个人才需要耗费好几年时间，才能使其拥有不错的能力。而这些人才，手中一般都掌握着一定的客源。一旦流失，公司又要从零开始培养新人。

这时，应伟东想到了合伙制，把店交给骨干成员负责，跟公司签合伙协议，让他们持有股份，享受分红，前期的经营成本由公司负责承担。也就是说，应伟东探索合伙人制度，是从减少人才流失的角度考虑的。但没想到推行合伙制后，对销售的推动效果更好。

分利模式全面推行后，每位店长都想要跟公司签合伙协议。应伟东发现，这份协议签订之后，带来了很多好的变化：如销售端，以前每个

门店需要管理层去推动，现在直接让店长负责就行；以前安装宽带、买水果之类，都要公司负责，现在店长成了合伙人，就由店长直接定；还有招聘、培训、营销活动、异业联盟带单等经营细节，都由店长负责。

店长成了合伙人，门店盈利之后，70%的利润属于自己，为什么不努力干？大家会想很多办法提升业绩，并且把客户服务做到最好，会主动去学习，主动往前走，根本不用老板催。

举例而言，以前下雨时，一些店里没生意；而现在，即使下大雨都有生意。店面团队会采取微信、电话营销等方式，争取客户能够交订金。每个门店都不会零成交，每天都有生意。

这种分利模式下，应伟东发现公司的业绩总量再次增长，自己的工作却变得更轻松了；以前公司给所有部门与店面提供“发动机”，还要推着转；现在各门店自己安“发动机”，自己转。

那么，哪些人可以成为合伙人，具体的分利模式又是怎样的？

合伙对象：主要是面向管理层，包括店长、部门经理。管理层可以同他的团队再合伙，由他自己决定。每个部门（财务、仓储、物流、安装、行政人事等）、所有门店，都参与合伙，门店以店长为单位跟公司合伙。

分成比例：合伙人分成比例不一样，店长一般是按利润考核，采取三七开的分利模式；如果按毛利分，则按营收10%~15%分给店长合伙人。

部门分利的形式：针对各个部门，先给一个点数作为基准，节省出来的利润就按三七开的比例去分，于是，部门合伙人就会精打细算。

合伙人的投入：成为合伙人，并不需要投钱，只需要付出智慧与工作，店租、工资等所有支出都由公司承担。

一套令人信服的服务体系：安装师激励体系＋五分钟感动服务

2021年，应伟东公司订单中有30%~40%的老客户复购，这是如何做到的？这与他设计的一套“安装师激励体系+五分钟感动服务”密切相关。通过安装师为客户提供感动式服务，激活老客户复购，进而带动门店销售的变革。

截至2021年，公司共拥有安装师约200人，均为专职员工，公司会给他们缴纳保险。2020年，团队人均服务200多位客户。

在团队的管理与激励方面，配套了非常系统化的机制，具体内容如下。

（一）制订圆梦计划

围绕安装师制订圆梦计划，核心就是圆买房买车的梦，帮助安装师一起做5年、10年、15年、20年的规划。

（二）推行积分奖励

在正常的报酬基础上，推行一套成熟的积分奖励体系。每个安装师，只要每月的好评率达到一定比例，就能获得积分。

具体积分奖励方式如下。

1.好评率90%以上，每月奖10分。

2.好评率98%以上，每月再加10分。

3.全年积分120~180分，未达到120的基础分，则无奖励。

4.第一年达到120的基础分，则奖60分，并乘以8，就是1 440分，换成奖金1 440元；第二年累计达到240的积分，则奖60分，再乘以16，就是4 800分，换成4 800元；到第五年，如果每年都保持90%以上的好评率，则可以获得66 000元的奖金。

5.分值可累积至下一年度，每五年重新计分。奖励的前提要求都是：必须达到90%以上的好评，一切都以客户的满意度与好评作为核心评价标准。

好评率有一个计算公式：回访好评量 ÷ 安装单量 = 好评率。

回访好评怎么统计？主要是客户在微信、微信群里的反馈，或是电话好评。只要保障每年的好评率超过90%，每年都有奖金；持续五年时间，就能拿到66 000元的奖金，对安装师的激励效果非常明显。

在这种机制下，安装师的内驱力很强，他们会用最大的努力把客户服务好。这是因为好评能拿积分，积分能换成收入。更何况每次安装服务本来就有回报。

（三）安装师年限奖

除了积分奖励外，应伟东还考虑了年限奖：工作满5年，额外再加5万元；工作满10年，额外再加15万元；工作满15年，额外再加30万元；工作满20年，年限奖则更高。针对满15年以上的安装师，公司鼓励子承父业、传帮带等，还可以介绍亲朋好友继任工作，服务年限还能累计。

（四）提供生活资源支持

应伟东很清楚安装师们的痛点，如老人看病、小孩上学等。他整合自己的资源，主要做了两件事情：一是帮助安装师们找学校，提供教育方面的咨询与资源；二是建立医生群，整合上海一些三甲医院的医生，提供帮忙挂号、联系对口医生等。

应伟东围绕安装师的激励与关怀做得很细、很温馨、很接地气。

这样的机制和关怀并举的氛围，带来了三大好处：一是每位安装师，都会非常努力地提升服务质量，争取客户的好评率；二是很多厉害的安装技师，都愿意进来，进而提升安装团队的水平；三是促进安装师团队的更新换代，吸引一些老技师介绍新员工入司，进而为团队注入新动力。目前，公司的安装师平均年龄为33岁，在家居行业里是非常年轻的。一大重要原因就是，老师傅带来更多年轻人。

应伟东经常向团队强调：如果安装技师能力不够，工作没做到位，服务态度不好，即使前面的客流量再大都是空的。比如接1万单，却只能执行5 000单，那么剩下的5 000单就可能废掉。如果退单，将引发一系列问题，如导致现金流不好、客户投诉等。

如果安装服务非常好，不仅能提升客户好评率，增加老客户复购与转介绍，并且销售人员在接待新客户的时候，可以重点突出奥普的服务优势，介绍安装师的技术过硬、服务好。老客户觉得某个安装师不错，还会推荐给亲朋好友。

把安装师的激励做好后，应伟东使出了另一个“大招”——五分钟感动服务，通过提供超越客户期望的服务，令客户感动。他发现很多公司只是局限于安装环节，并没有从解决客户问题的层面把后续服务做得更好，没有差异化的竞争优势。于是，他想出了五分钟感动服务，服务涉及两部分：三分钟讲解和两分钟力所能及。

三分钟讲解：安装师进场后，向客户介绍安装事项、售后方式、注意事项、保养维护等细节。

两分钟力所能及：帮助客户搬家具、拧螺丝、打胶条、清洁卫生、带走垃圾，以及提供装修小常识等。

具体操作是，当吊顶安装完成后，师傅们需要主动询问客户，有没有需要帮忙的地方，如有没有需要安装维修的东西。安装师们根据自己的能力，做到量力而行，可以帮着擦玻璃、搬移沙发、拧紧螺丝等。这样的服务给客户带来很多惊喜，使他们获得了非常多的好评。

同时，应伟东要求，吊顶施工队进入顾客家里，开工前的第一件事，是将卫生间的水管做免费专业的隔音处理，为顾客营造安静舒适的生活环境；施工结束后再免费为顾客提供专业的室内空气环境检测，让顾客安心入住。

五分钟感动服务，一定是安装师主动问客户，哪些需要帮忙，而不是等着客户来问。并且，每个安装师都必须问。

有些客户会觉得没什么需要帮忙的，但是至少可以帮助客户把垃圾带走。现在上海实施垃圾分类，扔垃圾其实不方便。这就体现了以客户为中心的服务意识。当然，有些做不到的，自然不能做，如修理电视、冰箱等。

这套五分钟感动服务不是凭空而来，而是准备了很久。从2019年开始推行时，组织了大量的培训，让安装师明白为什么做、怎么做，然后再配套积分奖励机制，激励他们去执行。

由于日常服务工作面临较大压力，应伟东还着手安排了对应的缓解措施，如由售后经理主动沟通、人事参与，面向安装师提供专业的心理安抚与疏导；发现与分析员工压力，由关系好的同事组织聚会放松；聘请心理医生讲课……种种措施无不体现这个团队在管理和对待安装师上的用心，从而推动他们以更好的状态服务客户。

服务红利：老客户贡献超30%

应伟东一直在研究流量，他认为流量进来后，明白如何承接和转化是最重要的。服务端不行，流量来了也接不住。现在流量是稀缺的、获取成本也高，如果对接不好，那么费用更昂贵。

近些年，公司的流量结构发生了一个值得重视的变化。2019年，应伟东公司的客流构成是：自然客流占52%，老客户复购占11%，其他渠道占37%。2020年，自然客流占50%，客户复购占19%，其他渠道占31%。2021年的变化更大，老客户复购上升到了30%，自然客流（含异业带单）下降到了44%，其他渠道（微信爆破、家装公司等）下降到约26%。

可以看出，老客户复购持续增长。这无疑来自售后服务做得好，为品牌赢得了认可。安装师的五分钟感动服务，靠送装品质带动口碑，促成复购占了相当比例。

应伟东认为，服务是经销商最后的救命稻草。完善的售后服务体验，可以有效抵御线上冲击；增值服务能获得客户的信任，也是防止客户流失的最佳屏障；感动服务是最好的复购来源，更是企业应对“突发事件”的一剂良方。

另外，商场流量目前依然扮演关键角色，排在第一位。能够最大限度地转化商场流量，根本驱动力来自三点：一是让团队创造高收入、实现买房买车的生活目标；二是店长合伙人制度；三是以店长为单位的管理。

所有任务目标都由店长、销售人员自己报。以店长为例，自己定目标，然后跟公司确认。针对店长有考核，三个月没完成月度目标，会提出警示；再给三个月时间，如果还无法完成，就会换储备店长。当然完成得好，奖励也丰厚。高收入的激励，也推动店长全力以赴服务客户去提升业绩。

异业带单占一定比例，奥普的门店跟不少商家合作，销售人员也有自己的合作朋友圈，奥普的服务非常好，别的商家也愿意带单过来。

有效的日常培训，对销售人员的能力提升、士气振奋都有很大帮助，能够为商场流量的转化提供助力。人事主管会制作培训视频，到门店现场拍摄各种场景。已经积累了大量学习视频，员工随时随地打开手机就能学。

家装公司渠道也会贡献一定的流量，上海大概有8 000家装修公司，市场空间很大。目前应伟东在家装公司里开了十几家门店，对接装修公司的流量。

再者，吊顶是一个入口，可以应用于多种空间，比如厨房、卫生间能安装吊顶，客厅、餐厅也能安装。现在，应伟东又在跟随奥普推出的阳台整装业务，继续深挖一套房子的需求，将客单值做高，让整体的业绩再次上升。

下一步准备怎么做?

针对未来业务发展，应伟东计划在服务赛道持续发力，打造一支强大的服务团队。售后服务这块，永远不会被淘汰。无论是做橱柜衣柜，还是卖卫浴，都可以把所有的服务承接过来。与多个品牌合作，实现仓储、物流、安装一体化。

消费者的心理正在发生变化，要求省事、省心、省力，希望商家把所有事情都解决好。所以，服务商的能力必须跟上。而服务好了，就会有好口碑，有老客户，就能自带流量。

应伟东发现，现在有很多产品都是微定制，对后期安装要求很高，这对服务商提出了新的要求。谁能帮助客户解决问题，解决得越好，就越有脱颖而出的机会。

从市场现状看，前端的销售培训比较多，如活动策划、销售技能等，但售后端、服务端的关注度不够。于是，应伟东决定继续提升，他准备办一所培训学校，展开更系统的培训学习。

对于起步期与成长期的经销商，应伟东建议：

1.一定要组织团队，不然事业难以做大；

2.把盈利更多投入发展，跟团队分享财富，把人才留住；

3.主动整合与对接更多的资源，比如各种生活资源、人脉资源，为团队赋能，而不是一直冲在前面做销售。

江湖“萍”说

看完应伟东的创业经历，我认为他做好了一件核心工作——服务。

一、对内对员工的服务非常到位，这些亮点值得再度温习。

1.面向所有部门与中高层管理者的合伙制，让大家当老板，既有股权，又有分红，实现了远超行业水平的收入。

2.面向安装师的激励体系驱动了服务竞争力的提升。好评率达到90%以上就有积分，而积分用来增加收入，几年就可以达到几万元。这个力度在全行业里几乎没有，最大化激活了安装师们的主观能动性。

3.给团队解决教育、医疗等生活上的问题，尽可能解决员工的后顾之忧。这怎能不让人感动、怎能不产生强大的凝聚力！

二、对外的服务品质跑在了行业的前列，构筑了非常明显的竞争优势。

在激活团队内在驱动力的前提下，应伟东发动全员始终为客户提供最好的安装与相关服务，尤其是“五分钟感动服务”的创新做法，开了行业之先河，进一步提升了客户满意度，赢得了非常好的口碑。而市场用30%的老客户贡献率、异业同行用持续带单回报了他的努力。

03 15年聚焦1个品牌，做到省会城市品类龙头

家居英雄

姓名：李红俊

来自：陕西西安

作为一个软体家居的经销商，他用15年时间，深耕一个品牌，并用这一个品牌做到了当地城市的全覆盖，销量也做到了当地同级别软体品类市场的龙头地位。这个成绩可以说相当亮眼。

尤其是在近两年的新冠肺炎疫情期间，大多数经销商都颇受影响，他却能在逆境中上扬，不仅经营面积扩大，2021年“双十一”更是实现了线上引流800单的战绩。他是怎样做到的呢？让我们一起来探寻。

故事前情

西北长安，回溯历史，它用千年的风貌书写着十三朝古都的辉煌历史篇章；纵览现在，也有一批勤奋拼搏的家居人在孜孜不倦地书写家居行业的商业画卷。这其中就有一个留下深刻印记的身影——CBD家居西安总经理李红俊。

在与他的交谈中，我们从质朴的语言和坚毅的面庞中可以感受到他一路走来的含辛茹苦。从2006年到2021年，15年的时光见证了他从一个人孤独打拼，到成立一支近200人的现代化管理团队；从只卖床垫，到软体大家居的全链路涵盖；从200平方米的小小门店，到如今20多家门店遍布各大中高端家居卖场，覆盖全市的战略布局。

同时，在他简明干练的叙述中，我们可以发现：在他与时代同行的路上，之所以能只聚焦一个品牌，销量却不弱于那些多品牌运营的经销商，而且敏锐捕捉市场、逆风开店，凭借的便是与时俱进的开创精神。

高手过招

布局大市场，搭建全方位的销售网络

如今的家居市场，产品的同质化令竞争越发激烈，而李红俊却凭借着自己的开创性思维，积极布局市场，在这片红海中创造出了属于自己的商业蓝图。

（一）把握市场，15 年只做一个品牌，走“1 米宽 1 万米深”之路

在家居代理的道路上，为了达到心中的财富目标，大多数经销商可能都会多品牌布局。李红俊却认为，要想实现财富目标不一定需遍地开花、处处盈利，坚持把一个品牌做大做强也可以。

专注做一个品牌，它的宽度可能只有1米，但是深度可以做到1万米，同样也能够实现自己成为家居行业终端品牌运营商、建立一个大平台的梦想。

为此他选择了CBD家居，理由有两点：一是CBD家居的品牌宣传多，影响力大，遍布于机场、高铁的广告，有极强的覆盖效应。这种效应背后的营销成本是个体经销商根本无法负担的。二是CBD家居自身的不断发展，它从软床床垫升级到整屋软体大家居，在产品不断升级迭代的同时，还在培训、营销等各方面为经销商提供支持，不断为经销商赋能。这正是李红俊坚持跟随品牌一起成长的核心要点。

（二）抢占市场，做不到唯一，就要做第一

“市场饱和，变幻莫测”是许多经销商的经营之痛，但李红俊认为，虽然市场的形势是变化多端的，但是家居产品是消费者的刚需，有需求就有市场，经销商要做的就是在产品同质化日趋严重的市场中争夺更多消费者的青睐。

所以，极具开创性思维的李红俊坚定了一个大局信念：如果做不到唯一，就要做第一，为此他提出了“抢占”市场的思路。

这种抢占括包以下两点。

一是“量”上的抢占。基于这一点，他在市场进行了全方位的布局，店铺遍及西安的各大卖场，而且都是大店、旗舰店。这样不仅能占有市场，更能让客户在每一个卖场都能看到品牌，感受品牌的实力，先入为主地“抢占”客户的大脑。

二是“质”的抢占。因为现在不论是品牌定位还是目标市场，都被细分到了一定的程度，消费者对于产品、服务等方方面面的要求也越来越高。所以，李红俊也持续提高团队水平，从设计方案到销售环节，再到最后交付，不断满足消费者的需求。

（三）开拓市场，敏锐把握风向

以往的广阔布局只能说明李红俊的聪慧与勇敢，但在新冠肺炎疫情期间的操作，则完全展现出他敢于开创的敏锐视角和商业胆量。在家居行业遇到挑战时，李红俊的生意却更上了一个台阶。

他敏锐地捕捉到，无论是卖场还是品牌工厂，对经销商都有很大力度的帮扶政策。对于经销商来说，此次新冠肺炎疫情期间的经营风险虽大，却是开拓市场的绝佳机会。于是他把握住机会，扩大经营面积，并

且重点把握中高端消费市场，扩张市场份额，夯实基础。

现实没有辜负李红俊的胆识，他形成了强大的竞争优势，无论是销售业绩还是经营版图都获得了很大的提升。他的魄力和开创精神坚定了团队与市场的信心。

与时俱进，开展新时代下的商业探索

（一）进军直播，线上和线下全域获客

在如今的互联网时代下，市场的客源结构、销售模式也在逐步发生变化，直播成了新的销售渠道。无数经销商都在这股浪潮中探索新的商业模式却收获寥寥，李红俊却以强大的开创精神走进直播带货的全新风口，并取得了耀眼的销售成绩。

在2021年的“双十一”期间，李红俊借势购物风潮以及品牌工厂的全国性直播活动，通过前期蓄客、引流直播、享受直播优惠并最终形成转化的模式，实现了线上800单引流，一周内超600单转化的出色业绩！能做出如此亮眼的成绩，是由于他进行了独特的战术安排。

1. 线上线下联动，扩展获客引流渠道

不论哪种消费模式，客源都是一切消费行为的前提，深谙此道的李红俊从以下几个渠道扩展了客户资源。

第一，日常营销中的潜在意向客户。他们可能已经看过产品，对产品有了初步的好感，但或是碍于价格，或是因为产品不匹配，没能形成有效转化。李红俊会要求销售人员在日常销售中，将这部分潜在客户积累起来并进行维护，不断激发他们对品牌的期望，最终通过后续的直播

形成销售。

第二，小区业主群、客户群等社群里的客户。李红俊会在小区业主群里做足前期宣传，通过刷红包、抽奖、发礼品等多种手段，筛选出有需求的客户并引流到单独的群中，再从群中引流到直播间，促进消费。

第三，异业联盟带单的客户。李红俊会与商场内其他品类的销售人员建立合作，再以三级分级奖励的模式刺激联盟中的异业销售，将他们的客户引导到CBD家居品牌中。

三级分级奖励是什么呢？简单来说，就是当异业销售推荐客户进群，会得到一定数额的奖励；当他推荐客户进直播间后，会再有一次奖励；当他邀约的客户下定转单了，还有一次奖励。李红俊将简单的奖励拆分成三层，异业销售会觉得邀约进群就有奖励，从而大大激发他们的动力，为直播间带来大量真正有需求的客户。

第四，日常电销中的意向客户。电话销售相对于以上几种获客渠道而言并没有那么有针对性，可能每天拨打200~300个电话，才有10个有效用户，几周才能加满一个500人的大群。这种方式虽然转化率较低，但也会有一些客户被引流进直播间。

2. 细化引流过程，促进客流高效转化

与客户形成链接后，如何促进高效转化也尤为重要，李红俊将其拆分为以下几步。

第一步，仔细筛选意向客户。将客户中购买意向明确的客户筛选出来，既方便后续的营销动作，又能让消费者更快得到服务。

第二步，精准匹配所需产品。针对意向客户需求匹配出最佳的产品方案，消费者进入直播间后就能快速找到自己想要的产品，目标清晰，再通过活动加持，下单更迅速。

第三步，把精准客户引流进直播间。在引流之前，李红俊会在群里对直播间活动进行宣传，从 CBD家居的全国规模、优惠组合、厂家直销、总裁亲自直播等方面吸引消费者的兴趣；同时还强调直播间产品的稀缺性，通过直播间产品的限量形成抢购的氛围。

通过这场“双十一”直播活动我们可以看到，这位具有15年经验的“家居老将”不仅在战略上有所谋划，还对每一个步骤进行细致的拆分，并对每个细节都赋予了极致的关注。这是我们每位家居经销商都应该拥有的一个特质。

（二）拓展线下，客户在哪里，我们就在哪里

对于线下市场，李红俊更是有着自己的一套策略。他在对市场进行细分时发现，客户的市场正在发生变化。

一是主流消费群体正在年轻化，他们不愿意前往商场购物，消费习惯以“省时、省力、省心”为核心，并且消费时的感受成了决策的一大要素；二是除了商场自然客流量之外，还有许多门店覆盖不到的消费群体。

想要解决这个问题，就需要经销商“走出去”。走近消费者，迎合他们的习惯，才能在同行之前抢先占领这部分市场。因此，李红俊提出了“客户在哪里，我们就在哪里”的全新战略，并为之提出了社区店模式、与地产商合作两种方案。

1. 提前接近客流：社区店模式

李红俊布局了两个社区试点店。在咸阳、西安的两个小区外开设了门店，面积在200平方米左右。在小区门口开设门店，既能为消费者提供便利，还能使获客半径前置，也能为家居卖场店引流，并带来终端广告

效应。

虽然两个社区店目前只运营了半年时间，反形成了30~40单的销量，但对于未来发展来说，社区店是在为下一个战略铺路，就是走进物业、地产与他们进行深度合作。

2. 打开社区渠道：与物业地产合作模式

曾经，软体家居是整个家装消费中的后道工序，消费者买完建材才会买家居产品。但在如今“轻装修，重装饰”的理念下，作为决定装修风格的软体家具日益重要。李红俊认为，要想办法让软体家居更早地接触消费者。于是，他开始与地产商深度合作，打开社区渠道，实现家居消费决策前置。

那么，他是怎么做的呢？

首先，寻找业主打造样板间，将自己的产品嵌入进去，这样既可以宣传产品，又可以形成家居套装供消费者选择。其次，与地产、物业合作，通过业主见面会、新房交付、业主看房日等活动引流，让业主直观地看到产品在自己家中的全貌，通过实际感受影响消费者。

对于经销商来说，最重要的一点就是要走出去，要多尝试。现在的客户是碎片化存在的，经销商要想办法做主动营销，要到客户所在的地方把多渠道开发做起来，才能形成市场增量。

抓住人性和人心，打造正能量的高效团队

以李红俊多年的商业经验来看，一家企业发展壮大有三种情况：一是商业模式特别独特，难以超越；二是现金流充足，足以周转；三是团

队优秀，向心力强。

在这三点之中，对于家居行业的终端销售者而言，团队作为第一生产力是尤为重要的。他将自己的团队分为渠道拓展、设计中心、零售团队、小区团队和售后服务等多个团队，在经营团队方面倾注了百倍的努力。

（一）人性——团队打造的核心驱动力

在团队的管理上，李红俊以“人性”驱动团队进步。所谓“人性”，就是人发自本性的追求，如想要实现经济自由、想要生活富足、想要在事业中取得成就等，李红俊为员工提供了这样一个平台来实现追求。

1. 三大考核标准

在对员工的考核中，李红俊坚持三个衡量标准：结果、行为和技能。

“结果”是指员工的评判以业绩结果为导向，是评价的根本要素；“行为”是指员工在团队中的行为规范，采用积分制的方式进行标准量化，员工做了好人好事、帮助团队组织、分享成功案例等一切正能量行为都会获得积分；“技能”是指培养员工专业技能，如销售能力、专业知识储备等多方面对员工进行衡量。

这三个考核标准组成了团队管理的基石，公平、公正、公开的标准让员工心里时刻充满希望，他们深知自己的表现将和收入挂钩，团队就形成一种自发向上的氛围，从而充分调动团队的主观能动性。

2. 五大员工层级

李红俊将员工的职位分成了五个层级：实习、正式、优秀、卓越、高级，每个等级是根据业绩达成的情况、月底技能考试成绩、行为积分三个维度决定。如果每月员工业绩、行为积分、技能考试达标，员工的级别就会上升一级，他的底薪工资、销售提成都将提升。

在这样的机制下，员工的行为、专注度和技能持续提升，员工自身的目标与追求也会引导其步步向前，不断实现自我成长。

3. 店长轮换制

在三大标准下，引导团队成长的机制是店长轮换制，每个店的店长并不是固定的，而是基于考核结果随时变动的。这个月没有达标，可能就会从店长的位置下来，下个月继续努力，就还有机会升上去。晋升的标准都是平等、透明的，畅通的渠道让他们在平和中，更加积极地调整心态，去迎接下一次挑战。

4. 自发挑战文化

在李红俊的公司中有一个特别有趣的现象：员工会自发进行挑战比拼。每到一个时间节点，比如周末、月末，甚至是节假日，员工会自己找一个对手展开比拼，然后设定一个小小的“赌约”，比如一顿饭、一杯奶茶，比拼结束后两个人都很开心。

这种自发挑战的氛围就是基于考核标准衍生的，它不仅能让员工专注目标，更能把员工的斗志激活，在轻松的环境中不断进取。

“现在每个公司、每个行业都在讲‘平台’，什么是平台？平台就是成就员工，员工在这里他们的人生目标可以满足，这就是我为团队打造的平台。”正是李红俊这样的想法，塑造了在实战中屡屡获胜的优秀团队。

（二）人心——团队前行的主要凝聚力

通过机制能促进员工不断进步，但更重要的是抓住“人心”。如何抓住员工的“心”，李红俊也有一套开创性的方法，那就是把团队当作客户去经营。

“团队的客户是客户，老板的客户是员工”，这是李红俊坚持的管理理念。他认为满足团队人员一定要注重三感：存在感、被认可感和安全感，所以为了“服务”好员工，满足他们的感受，他采取了多种关怀举措。

1. 奖励金发给员工一半，另一半给员工家人

每月评选优秀员工时，奖励金只发给员工一半，另一半寄给员工家人，通过这种方式来提升员工和父母之间的沟通，让员工父母更加认可自己的孩子。李红俊还会请员工的家属录制一段视频，在员工大会上播放，让员工看到父母对他的认可，再次增进员工与家人的感情。

2. 放大员工荣誉，让他们的成就感得到满足

李红俊还会将员工的荣誉放大，让他们的成就感得到满足。如李红俊每年会寄送表扬信给员工家人，还会邀请员工家人来到年会现场，在四五百人面前一起见证员工的荣誉，增强他们的自豪感。

3. 拜访员工家人，邀请他们参加公司团建

李红俊作为老板，将感恩文化深植于团队之中。他不仅每年亲自拜访员工家人，还会邀请他们参与公司团建活动，让他们能更好地了解员工的工作内容，感受公司的和谐氛围。

李红俊在得知一名员工的父亲身患重病后，就带着公司领导前往员工家中探望，在公司组织去海南旅游时，安排这位父亲一同前往，替员工实现了没能完成的心愿。

其实，这一系列的动作都很简单，但是坚持做下来却不容易。李红俊之所以能把公司做好，是因为他的坚持，十几年如一日的将员工放在心里，员工才能回报给他同样程度的忠诚和凝聚力。近半的创业期老员工依然存在于公司，这恰好佐证了这一事实。

江湖“萍”说

这是一位在家具行业中摸爬滚打了15年的“老将”，他用15年的时光深耕一个品牌，带领200多人的团队，创造出了西安软体家居领军品牌的江湖地位。

纵观李红俊的15年软体家居创业生涯，他既有传统经销商身上那股执着的精神，如在经营上本着“满足客户需求，缔造客户价值”的服务理念，始终坚持设计第一、品质第一、服务第一，同时带领团队要做到销量第一；又有在新时代的发展之中，大胆开创的精神，顺应市场改变，不断探索各种新商业模式，在互联网的风口中紧握机遇，实现了与时俱进的调整，跟上了行业发展的风向。

一位家居老将勇敢拥抱新变化，快速实现线上线下一体化运营，通过直播实现“双十一”引流800单，这个战绩确实不多见。

这一切，都值得年轻经销商们细细品味。

对于未来，李红俊表示，将继续在细分领域里深耕，在1米宽的赛道里，做到1万米深，这是扎根李红俊心中的信念。带着这样的状态前行，相信李红俊的成功之路将会越走越远。

04 多次穿越危机、逆境寻路：兄妹俩把十几家品牌经营得风生水起！

家居英雄

姓名：付向前

付丽华

来自：河南郑州

从自己开工厂起步，到代理品牌，再到多品牌布局，他们的创业之路虽然坎坷，但始终选择坚守，用比客户还挑剔的眼光选品牌，选择了一个品牌就全力以赴把它做长久，费尽心思把客户服务好。他们用朴实的经营理念一路披荆斩棘，一点点建立了自己的多品牌王国。

故事前情

扎根二线城市20多年时间，从最早自己办工厂失败，到转型开店卖家具；从第一家店开业需要工厂帮忙铺货，到现在一年开出10多家店：付向前与妹妹付丽华一起创办的凯丽家居，挺过了最艰难的时刻，迈过了大多数经销商都会遭遇的坎坷，最终靠闯劲、坚持、主动探索与经营创新打下了一片天地，成为中国家居产业界的明星大商。

那么，他们是如何成功的？在对他们创业历程的梳理中，我们发现了很多值得大家学习之处，比如左冲右突、不畏艰难的意志力；紧跟市场变化、大胆调整品牌的勇气；多品类、多风格、多品牌布局的智慧；领先同行的服务意识；主动创新、主动营销的执行能力。

高手过招

起家之路：不畏失败、左冲右突，迎来春暖花开

2000年，在上有老下有小且人生处于低谷时，付向前兄妹迈入创业之路。回头看这一段经历，付向前自己也感叹，当时什么都没准备好，居然也敢自己单干。

一开始，付向前在郑州租了一个小厂房，找了工人，办起了工厂。当时铁艺市场不错，付向前就决定先做铁艺家具。还到市里租了一个店铺，装修好之后，就开始做销售。

没想到铁艺家具在郑州并不受欢迎，销售情况不太理想。一个店根本没法养活一个工厂，必须走出去扩大销路。付向前意识到不能一直等生意上门，等下去就只有破产。

他了解到铁艺家具在北京和上海的行情比较好，于是跑过去找销售渠道。他确实找到了一些合作的门店，但这些商家都有固定的进货渠道，只有在缺某种货时，付向前才有一点机会。这样干了一年，付向前几乎把手上的钱赔完了，最终，铁艺家具厂宣告散伙。

接下来怎么办？付向前决定做布艺沙发。他撤回老家，找木工搭沙发架子，再从杭州、郑州买材料，参考别人的款式把沙发做好，然后拉到郑州的店里销售。虽然款式是学习别人的，但用的面料比同行更好，一些客户愿意埋单。但整体销量还是小，生意不景气。

那就继续想办法、找出路。一天，付向前发现，郑州有一家家居商

场正在招募联营合作伙伴，采取的合作方式是卖货有了收入，商场从中提一定的比例；没卖货，不用缴房租。这种合作方式现在早已绝迹，但20年前还比较常见。

在这家商场经营一段时间之后，付向前发现办工厂不如代理品牌，自己专注经营管理。刚好北京标致家具到郑州招商，发现付向前的门店摆场专业，就找付向前沟通交流。最后商定，可以先铺货，卖得好了，再正式代理合作。

标致厂家免费发了五套沙发过来。十天内，新沙发就卖了一套，利润空间远比卖自己的产品更大。一个月就销售了三套，付向前发现自己更擅长做经营而非开工厂。

经营了几个月，付向前又遇到了一个坎——商场联营接近尾声，要收店面租金，并且要求付向前的门店重新装修、提升档次。听到这个消息，他很着急。正巧工厂推出新系列，邀请付向前到工厂谈代理合作。基于前期对其经营能力的认同，厂家派人装修，并且全面铺货，还给了一年账期。

这家店帮了付向前的大忙，它装修效果非常棒，很多人到店里参观，甚至产生了轰动效应。从2002年10月开业到春节，仅三个半月，销售总额便超过百万元。本来一年的账期，不到四个月，付向前就还清了货款。

工厂发现他讲信用，又擅长经营，就把郑州店当成案例宣传。一个新商场，居然有商户能卖得这么好，于是商场也把他当成案例进行展示。宣传间接提升了人气，也增强了付向前的信心。

2003年，工厂开发出新系列的产品，准备让付向前来做，但综合核算下来资金不够。有了前一个门店的成功案例，工厂表示还是先铺货后结算。

第二家店在开业与运营过程中，同样遭遇很多坎坷：先是2003年4月装修时，遇到“非典”疫情，电梯停运，只能一件一件把家具背上楼；后来开业时，商场停电，点着蜡烛开业。更糟糕的是，开业后连续四个月都没开单，整个团队非常着急。这是付向前经销生涯里的一次严峻挑战，但他选择了坚守。直到9月，付向前才发掘到扭转局面的机会。

从这个节点开始，第二家店的形势开始转变。后来，两个店加在一起，月月销售额都能过百万元。就这样，付向前一步一步地把事业做了起来，且工厂每出一个新系列，他就做一个系列。直到2006年，付向前旗下做标致家居的店已增加到六家。

经手十几家品牌，如何打赢多品牌、多品类布局之仗

20多年的经营历程中，付向前兄妹陆续代理过20余家品牌，涉及多品类、多风格及多层次。

第一次迈出多品牌经营步伐是2006年。当年3月，他们到广东参加展会，选了两个牌子，其中一个是慕思。回来后，他们赶紧将店设计装修，5月1日正式开业。

当时郑州已有多家床垫品牌，慕思凯奇属于比较新的牌子，但当时的市场形势实在太好了，开业即成功。伴随着经营经验的积累，他们又陆陆续续代理了多个品牌。他们抓住了好的市场机会，大胆投入，主动出击，乘势而起。

正是前面这些品牌的经营，让付向前兄妹实现了基本的资本积累，

为后期进驻红星美凯龙、居然之家等大型商场，并进一步做大体量，提供了有力的支持。

2007年一个新的转折点发生，红星美凯龙进驻郑州，付向前大举进入，投了三四家店，手上几个品牌全部入驻。商场开业，搞活动送家电，顾客参加就要交全款。一周就卖了200多万元，而且是收全款。以前卖家具，只收客户的订金，一般只有20%，意味着需要垫钱到工厂订货。而有了卖场的加持，可以先收全款，再根据需求订货，于是他认定要在红星美凯龙里好好发展。 在红星美凯龙，经营面积就达到2 500多平方米。

2008—2018年，是飞速发展的十年，每年都在开新店，伴随高端卖场的发展而高速成长。

2014年，付向前兄妹的事业版图迎来了新的契机，他们代理了美克A.R.T.，随后连续六年做到全国冠军。并且，开店面积还在不断增加，业绩不断创新高。

付向前增加品牌的步伐也从未停止，2012年代理了可至，又做南洋迪克，在实木家具里脱颖而出。这些品牌各有特色，多种不同风格的组合，新古典、美式家具、欧式家具、纯实木、新中式、轻奢、现代等，满足不同客户的多元需求。这种布局的背后，付向前兄妹有自己的考量与经营策略：

1.在一个城市做强做大，把市场挖透，客户需求多元化，需要多个品牌；

2.跟原有品牌、品类形成互补，用套餐与空间搭配提升业绩，给客户提供一站式服务；

3.根据客户的反馈做调整：老客户复购时提出新的需求就要响应，

在客户需求变化中倒逼成长；

4.根据市场流行趋势调整品牌；

5.坚持做好手上品牌的同时，不忘优胜劣汰，有些品牌出现服务跟不上、设计缺乏创新、产品老化，就要逐渐优化掉。

选择一家品牌，就要全力以赴做好两点：一是如果起步三五个月没做好，一定要找自己的原因——先反思自己，才能把事情做好；二是选择一个品牌，要么品质很好，要么工厂实力很强，要么设计有创新。选品牌的时候就要考虑到，要想顾客不挑剔，就要以最挑剔的眼光挑选工厂。

在具体经营管理上，每个品牌都有单独的事业部，每个事业部都有总监负责运营。2021年，他们还准备组建进口事业部，做进口品牌。截至目前，付向前兄妹的凯丽家居经营约16个品牌，覆盖10种风格，运营有32家门店。他们代理的美克A.R.T.品牌，已形成经典、都市、西区、空间等全系列布局。

抢先布局：十几年前就主动营销，多渠道引流

2009年，付向前兄妹跳出了坐销的局限，开始做主动营销，走出商场寻找客户，从异业联盟、主题活动、小区营销、跟进设计师渠道等，不断扩大精准客户的来源。

主动营销成功应对了家居市场流量结构的变化，还建立起了成熟的主动营销团队。当前，公司的流量来源重点靠业务团队，业务团队又分成设计师组、业务组等。其中的设计师组，2021年已有8人，全力推动与

设计师的合作，拓宽设计师渠道。

业务组又分成小区与样板间，有5个组，为店面提供流量支持。在小区里做样板间，每个样板间配两个人，有专门的小区业务人员，也有店面抽调的人，相互搭配，在样板间引流。

近年来，通过主题活动引流的力度很大，重点思路与做法如下：

1.每年保持一定频次，每个月都有活动。从频次上保持高活跃度，训练团队，持续转化订单；

2.通过高频次的流量活动举办，从中转化客户。邀请明星、乐队助阵，以演唱会的形式进行落地，提升品牌影响力；

3.参加联盟活动，如“9·15”的砍价会、“12·1”大决战等，每天开会、报销售数据，对团队也是很大的提升；

4.争取各方支持，在办活动时，争取厂家、商场在资源方面的支持，实现三方联手，降低投入成本，提升效果；

5.用代理的品牌冠名商场组织的活动，保持高频次的曝光，间接提升品牌影响力。

通过这种高举高打的营销动作，提升品牌在本地的知名度，影响更多消费者的购买决策。

主动营销要做好，团队最重要，如代理美克A.R.T.后，能快速做到全国第一，原因在于配备了强有力的队伍，当时从现有门店抽调了多名精英，第一个月就产生了不错的销售业绩。后来陆续补充新人，形成老带新。同时，为了提振团队的竞争力，凯丽家居推行了经理、店长竞聘会，只要员工有想法、有能力、有目标，都可以参与竞聘。

每年落地一万多上门服务量，提升客户满意度

凯丽家居20多年的发展过程中，核心理念始终是把客户服务好，生意才能好；让客户满意了，才做得长久。在很早的时候，他们就开始重视服务，形成了差异化的竞争力。

早年经营标致家具时，刚开第一个店就卖得好，其中重要原因就是把服务做到第一位。那时，他们把家具送到客户家里安装好之后，会用毛巾擦拭家具，把家具的外包装折叠整齐，并将房间打扫干净。如果客户需要清走外包装，他们就会带走。当时，经营形势好，同行很少去做服务，凯丽就抢占了先机。

几年服务做下来，凯丽家居开始着手回馈答谢老客户，举行专门的感恩活动，给老客户提供免费的上门服务。除此之外，凯丽家居还推出了新办法，组建30多人的软装部，以驻店设计师的形式给顾客输出设计方案，提供家居搭配服务，目前已做得相当不错。

驻店设计师会分配到每家店里，每一个套房店都配备了两位设计师。在店里专门划出一块区域，作为设计工作室。顾客进店后，导购除了讲产品、活动等，还会告知顾客本店可以提供设计方案，在设计师区域进一步商谈。接着，设计师、导购会一同去顾客家里量尺寸，做搭配方案，再约顾客来看。如果客户没时间，设计师、导购可以主动前往客户指定的地方，做设计方案的演示。

在实际操作中，设计师会根据顾客的需求，围绕居家文化提供整套设计方案，做全屋搭配。只要客户有需求，无论订单大小，都会提供这种服务，都会推荐做设计方案。从实际情况来看，一般客户都不会拒绝这种服务。这也反映了一个市场需求的存在，就是业主普遍需要专业的

搭配，希望看到场景体验的效果。

通过设计方案的支持，本来客户在店里只看上几件产品，但看到设计师作品后眼前一亮——原来家可以这么漂亮，顾客就可能购买其他需要的产品。这样，既节约了客户东奔西走选品的时间，同时也做大了客单值，双方形成共赢。

为了把客户服务好，凯丽家居还会安排销售精英们内部交流，如2021年第一期冠军下午茶，一起学习茶艺文化，分享销售干货。其中重点突出的经验如下：

1.每天要保证良好的销售状态，为顾客提供愉快的购物体验；

2.要专业，将产品的价值与细节为顾客讲到位，设身处地为顾客考虑；

3.后续服务必须跟上，才能获得认可和好评。

历经多年打拼，在如何应对市场竞争，并赢得客户的欢迎方面，凯丽家居建立了自己的一套逻辑。这套逻辑的核心是做好两点：一是用最挑剔的眼光选品牌、选产品，才能经得住市场的挑剔；二是深耕服务，获得好口碑，有了好口碑才有老客户的回购与转介绍。

（一）服务量要上规模

每年的上门服务要达到1.5万次。销售人员每个月最少服务两家客户，一线大概有300个销售人员，一个月就能服务600组客户，10个月6 000组。同时，还有十几辆服务车专门做上门服务，一个月也有几百组客户。

（二）服务内容不断丰富

上门服务工作并不是近年才开始的，2010年凯丽家居就开始针对客户反映的问题上门解决，如做维修等。并且服务内容不断丰富，从除螨到窗帘清洗、皮革护理、甲醛处理等多种服务。

（三）服务的专业性不断上升

专门的服务车，设置木管家、皮管家等细分岗位，提升服务的专业度。

（四）服务团队不断扩大

从以前两辆车到现在有12辆服务车，一辆车每天大概服务3家客户。组建了专门的团队，有20多人提供免费服务。

（五）中高层示范做上门服务

所有的中高层也要做上门服务，老板每月要做一次上门服务。带着礼品，跟客户聊聊，了解需要解决的问题以及满意度。

凭借优秀的服务品质，凯丽家居连续五年获得慕思的全国售后服务冠军。经销商的业绩达标后，可获赠服务车。凯丽家居已获得七八辆服务车，可见服务质量之好。

办培训课程，拓宽设计师资源

在整个渠道布局里，设计师扮演了重要角色。除了有专门的设计师组负责该渠道的运营，付向前还展开了更多的探索，如从整体软装方案的角度入手，提升客户黏性；以举办设计师培训课程等方式，增强合作黏性，获得主动推荐；请清华大学的老师到郑州来举行软装设计师培训，统一报名要比市场价格更便宜。这样既能邀请到知名设计师讲课，又帮助设计师省钱。

软装设计师培训连续办了几年，不仅使本公司的设计师的能力得到提升，还增进了与其他设计师的关系。之后陆续有五家公司加入一起合作，联盟的成员增加到八家。每次举办培训课程，每家出一笔费用，请到郑州授课的师资力量也不断扩大，从清华大学的老师到国内外的知名设计师，实现了良性循环。

这个面向设计师的培训课程，之所以能赢得大量参与者，重点是有它的价值。其一，邀请的都是知名设计师以及清华大学的核心老师，帮助本地设计师打开视野，提升设计能力。其二，帮助设计师节省时间。很多设计师比较忙，很难到外地上课，把老师请到郑州来，在郑州就可以上课交流。其三，培训结束后，设计师还能拿到清华大学软装课方面的结业证书，以及国际方面的证书，为设计师提供第三方的实力背书。

在培训课程中，还会邀请设计师走进企业，了解品牌，欣赏产品，互动交流前沿设计与适合客户需求的方案，实现企业与设计师之间的双赢。

通过几年的精耕细作，付向前推动的设计培训课取得了一定的成果，第一次开课时来了约400人，后来人数逐步增加，最多时有近800人参加。2020年，已培养五期学员，上千名设计师。

通过高价值的课程与活动服务设计师，共同寻找适合市场需求的产品方案，实现了企业、设计师与消费者的多方共赢。

江湖“萍”说

了解付向前兄妹的经历后，我不禁为之感叹，创业起步期太不容易了，称得上步步艰辛。同样，给人印象非常深刻的是兄妹二人的坚定，创业过程中的相互扶持，以及连续面临挫折后的越挫越勇。他们兄妹二人，堪称坚定意志力的最佳代表。

同时，凯丽家居为我们提供了多品牌经营的成功样本。他们经营的品牌虽多，但章法清晰。

首先，紧跟消费偏好的变化，调整不同风格的品牌，与原有品类品牌形成互补；其次，实现多风格的组合，满足不同客户群体的需求，深挖一个城市，围绕客户需求形成闭环；再次，严格选品，按他们的说法是，要想顾客不挑剔，那么自己就要以最挑剔的眼光挑选产品；最后，每代理一家品牌，就会全力以赴做好，组建专门的团队长期运营。

所以，付向前兄妹经营的品牌虽多，但底盘坚实，拥有足够的底气去扩张。

付向前兄妹的经营理念让我们再次感受到了服务的价值，每年上门服务老客户高达1.5万名，十几辆服务车专门跑，并且组织销售人员、中高层管理者亲自上门服务。近两年又成立软装部，专门给顾客提供设计方案。这一系列成体系的打法创造了凯丽家居的高品质服务口碑。

朴实的经营理念，蕴藏了高水平的执行效率。更让人佩服的是，兄妹二人一致认为，能不能把一家品牌经营好，原因都在自己，不要动不动就找厂家、找市场的问题，只有不断反思自已，才能把事情做好。而现实中，太多创业者都在找借口，找外因多过寻内因，因而错失不少机会。相信兄妹二人在家居大道上还将走得更远，飞得更高！

05 两个专注、一个人设：这位女将聚焦高端，以服务赢得长期信赖！

家居英雄

姓名：肖静红

来自：江苏无锡

铁心柔情战南北，商海创业志难摧，香肩敢挑万钧担，运筹帷幄胜须眉。

创业二十载，只做建材业的高端品牌。十七年深耕IMOLA陶瓷，凭借超强的服务意识，赢得并积累了深厚的客户口碑与信誉——她就是肖静红，人称“肖女王”。

故事前情

在江苏无锡高端进口家居建材圈子里，有一位特立独行的女士。标志性的发型和极具个性的衣着，二十年如一日专注于一个品牌、一个细分领域的经历，都让人一眼难忘。

她用20年时间，成功塑造了自己的“人设”，大家认可她的审美水平，认为她就是品质、专家、潮流的代表。经年累月的坚持，心无旁骛的专注，使得这样的人设、标签成为深深刻在她身上的烙印，她就是人称“肖女王”的肖静红。

作为意大利IMOLA陶瓷（原意大利蜜蜂瓷砖）大无锡区域（无锡、江阴、宜兴、淮安、苏州）经销商，肖静红自2004年一直坚持做该品牌，常年位居IMOLA渠道的前几强，并始终稳坐无锡高端瓷砖的“头把交椅”。巾帼不让须眉，是什么让她达成这番成就？让我们走进“肖女王”的故事。

高手过招

专注细分市场：创业20年，只做高端品牌

做代理商之前，肖静红也曾是一个打工者，在某瓷砖品牌担任总经理助理。

第一个转折发生在2001年，红星美凯龙在无锡要开商场，肖静红想闯一闯，就自己出来创业。刚开始代理的是原公司瓷砖，并于2003年时取得了一些成绩。后经红星美凯龙介绍，肖静红又代理了一家西班牙的进口瓷砖。随后一年多，她就做到该品牌渠道商里的前几名。

现在回想当时的创业过程，肖静红觉得并没有太多的过人之处，就是一门心思把每个客户服务好。因此，她在客户中树立了非常不错的口碑，对业绩的带动效果明显。正是这种把服务做好的经营理念，对她后来的事业起到了长期有效的帮助。

又一次转折发生在2004年，意大利IMOLA陶瓷中国总代理北京筑巢集团与肖静红商谈代理事宜。当时，除了IMOLA产品本身的设计打动肖静红，其团队务实专业的办事风格也给她留下了极为深刻的印象。筑巢集团领导层更注重经销商综合素质，并致力于为经销商提供强大的赋能。于是，肖静红做了一个大胆的决定，精力集中于高端市场，专注于IMOLA，当即砍掉正在盈利的五六个品牌。这一次选择，开启了长达17年的合作，既助力IMOLA瓷砖在中国市场的布局，也成就了肖静红的事业。

基于前面经营进口品牌的经验，加之客户资源的积累，肖静红的

公司很快就形成了非常好的局面。她不仅维护好每一个客户，从中积累经验；还不断创新，围绕客户满意度提供一些别人没做的服务。早年的时候，客户买瓷砖，没有商家会给客户画图纸，但肖静红会做。量完尺寸后，她会让人用手画图纸，虽然投入了很多时间成本，但客户感受体验很不错。

后来有个设计师建议用CAD制图，于是肖静红就安排自己的妹妹去学，学完后回来，带着所有员工用CAD制图。这是无锡第一家提供效果图的瓷砖经销商，跟其他品牌形成了明显的差异化。在当时，综观全国，也没有几个能够提供设计图的瓷砖经销商。

一路奔跑，收获步步攀高。截至2021年，肖静红已开了七家IMOLA瓷砖的门店，分布在苏州、无锡、江阴、宜兴等地区，而且全部做零售渠道，从不以价格取胜，严控价格体系并长久坚持。肖静红认为，专注自身专业才是良性发展的核心所在。

前几年，肖静红扩充进一个美国知名涂料品牌Benjamin Moore（本杰明摩尔），同样是进口涂料中的高端品牌。花了半年多时间，基于IMOLA高端资源渠道，加上该品牌产品本身的色彩表现力、品质、功能优势，在无锡设计圈成功打响了知名度。涂料店与瓷砖店实现了相互引流，面向客户提供联单方案，成功率也很高，这让肖静红成功搭建起“进口瓷砖+进口涂料”的高端品牌运营格局。

专注细节做到极致：老客户占比 80% 的背后，是极高的客户满意度

创业做经销商20年，肖静红坚持的一个观点是：客户满意了，我就满意了。一切问题指向自己，任何事情的初衷都是为客户提供帮助，所有经营都要为客户满意度开路。

在IMOLA强大体系的支撑下，她坚持将服务机制做到全面、细致，围绕客户满意度做了大量工作，从客户诉求、体验感出发，立足于标准化、专业化、设计服务，一站式、现场服务等关键节点，再明确各节点工作的标准。

（一）标准化

店面根据产品系统、接待路径做区域规划，从客户进店体验开始，到讲解、邀请入座、案例欣赏，整个过程中员工需要讲什么、做什么、每个节点完成哪些动作，需要什么道具协助等都有标准化要求。同时，每个人都配备平板电脑，内容统一，力求给客户营造最佳体验感，从而帮助客户找到感觉。

（二）数字化服务支持

店员配备的平板电脑中安装终端接待系统，系统根据店面接待路径设计各区域产品的详细介绍，同时平板电脑中积累了大量的户型设计方案、效果图、产品资料、企业介绍等。客户想看什么，销售人员就可以直接点开查询。如果客户对某一点有所疑惑，可以在平板电脑上直接打开查看资料，比如查看报关单、环保标准等。

（三）设计服务提升体验

团队共有70多人，组建了专门的设计部，为客户提供专业的搭配建议，制作全面的解决方案，呈现完整的空间效果。同时，他们还结合实际功能需求，提前做好各个空间的不同规划，配以实际落地方案，力求满足不同客户对于空间个性的不同追求。

（四）一站式服务

重点涉及以下四个方面：

1.每个环节安排专人对接，售前由销售和设计人员同时对接；

2.售后环节，安排专门的管家服务；

3.从前期接待、选材、设计方案、送货到安装收尾，销售人员需要全流程跟进客户，提供整个周期的服务；

4.从接触客户到服务完成，销售人员、设计人员、管家都要到客户家里，要出现场。

（五）现场服务

客户有需求，团队上门服务是常态化。

工地现场设有服务表，每次无论是销售、设计人员，还是管家等去现场，都要做记录。谁去的、到现场的时间、做了什么、解决了什么问题等，现场服务后拍摄视频上传到服务群内，这样客户就能及时了解情况，使客户安心、放心，感受到不是一个人，而是三个部门在服务自己。

同时，为提升最终呈现效果，瓷砖美缝的细节肖静红也特别重视。很多人不理解，觉得美缝是小活，但换位思考：没有哪位客户不想自己的家更漂亮。肖静红认为，客户既然选择了IMOLA瓷砖，就不能辜负客户这份信任，因此要把客户的家当自己的家装修。结合产品特性，考虑空间的灯光和实际最终呈现效果，就连美缝的色彩与做活技术要求都不能轻视。

让品牌部紧盯这些细节，同时邀请专业公司来支持，让服务再上新台阶。不同产品、空间风格搭配什么颜色的美缝才能将效果呈现到最好？目前，肖静红正在想办法打造标配色彩组合，给客户提供更专业的建议和选择。

一个客户的服务流程走完后，最后就涉及客户满意度的评价。他们安排行政部门的人员电话回访，确保听到客户真实的反馈与建议。肖静红说，所有的事情都是围绕怎样让客户觉得很满意展开，必须让所有的员工都坚信，这就是公司的原则。

日常服务过程中，客户遇到问题，如果力所能及可以帮助客户解决的，肖静红都会不遗余力。就这样一点一滴地积累，客户的高满意度和随之而来的转介绍、复购就实现了。

受老客户指定IMOLA的影响，不少设计师也会选择IMOLA。于是，老客户+设计师一起，占到整体客流的比例已超过80%。而且十几年来，老客户回购率非常高，二次、三次购买的情况很普遍。

能赢得老客户的青睐，还跟肖静红的另一种措施有关——瓷护服务。组建专业的团队，到客户家里打理维护瓷砖，提供一年一次的免费上门服务。这并不是一个小的工作量，有时候一天只能保养一两家，成本较高。那么，为什么要投入这么大的精力做这个服务？

原因主要有两点：一是把服务延续到项目完成之后，继续提高客户满意度；二是激活与老客户的联系，增强同老客户的黏性。这样，当客户有需求时才能第一时间想到你。

瓷护服务具体落实过程中，至少要做好以下两件事情。

首先，服务过程中，瓷护部经理会一起到场，并组织人员安排，关注瓷护过程中的细节与注意点。同时，通过现场与客户沟通交流，了解客户使用体验感，并询问客户是否需要帮助解决其他问题。

其次，瓷护服务过程中，如果发现客户家里的瓷砖有缺损，可以提供修补服务，甚至有的瓷砖会免费提供。并且，所有客户都可以享受这项服务，哪怕客户只是买了一块瓷砖，团队也会上门维护。据统计，以2021年为例，几乎每天都能在店里见到至少一组老客户。

设计师合作不走寻常路，为设计师成长创造综合价值

以前，店面扮演核心角色，90%靠自然客流。把服务做好，生意就不会差。后来的形势发生了转变，设计师渠道的地位不断提升，几乎所有别墅项目都离不开设计师。

在设计师渠道上，得益于IMOLA中国区总代理北京筑巢集团常年对家居设计与文化传播上的投入，它搭建了非常完整且专业权威的院校学习渠道、顶尖赛事奖项、媒体合作等极具影响力的平台。

在这条赛道上，肖静红坚持以下三种合作观念：

1.与设计师、装饰公司合作方式主要以帮助学习、成长、成名，通过全方位的专业素养提高、媒体宣传、科技助力等方式增强合作；

2.选择设计师，只和综合实力、责任意识强的设计师合作；

3.把服务做好、把专业度提到最高，让设计师感到放心、靠谱，一

起服务客户。

这样，商家对于设计师的价值就体现出来了。就具体方式上，重点是赛事、游学、设计师沙龙等。十多年前，IMOLA总部北京筑巢集团就已联合世界顶流院校、大师打造筑巢奖，聚合国内大批优秀设计师参加，在国际上为中国设计发声，并常年组织设计师出国游学，邀请行业内著名学者、大师进行专业授课。很多无锡的设计师通过这个平台，走出国门，开阔眼界，了解国外的潮流风格，进而也提升了设计水平。

有些设计师很少参与日常互动，但会参加游学项目，比如到清华大学游学，或邀请清华美院副院长带队组织苏州园林游学等，这都是设计师看重的活动。有些设计师通过IMOLA搭建的平台，合伙成立了公司，发展得还不错。这些提供给设计师的额外价值，使得大家愿意同IMOLA建立长久的合作关系。

再加上IMOLA品牌本身的影响力，独特的设计与专业服务获得了很高的美誉度，设计师愿意用，客户认可度也很高。终端的配合与完善的支持，对设计师渠道的开发日渐重要。设计师把客户带到肖静红的店里，会获得非常完善、专业的接待，客户体验感更佳。

目前在设计师渠道运营方面，肖静红还采用了更多办法：

1.组建专门的渠道部门，对接设计师，确保一对一服务；

2.周期性组织设计师沙龙，探讨设计话题，拉近同设计师的关系；

3.组建同学会，将曾经参加游学项目的同学组织到一起，打造一个交流平台，增进交流与学习，资源共享等。

十几年的积累，使得那些对职业生涯有着高要求的设计师，更愿意与IMOLA合作。

抓学习、亲自带：她这样训练一支符合高端客户需求的团队

所有的工作，都需要得力的员工去执行。肖静红能够把客户满意度提升上去，把老客户转介绍与复购率提高到80%的比例，一个重要的原因，就是拥有符合高端客户要求的团队。

目前，她的员工普遍都有十年工龄，在无锡圆了买房买车的梦想。还出了不少能人，IMOLA瓷砖2020年的荣誉榜，就出现了四名无锡区域的员工，分别是销售、助理、绘图、渠道岗位上的成员。

在培养团队方面，肖静红采用了如下五点措施。

（一）制订学习周期

按照一套学习机制展开，如新招进来的员工，要从销售助理做起，经过详细的培训节点，每个阶段都有具体的考核内容，必须通过考核才可以接待客户。

（二）员工价值观统一

认可这套体系，才能长期工作。不认同，不匹配，不适合，可能就很难继续。价值观统一，形成合力，一起服务客户。

（三）老板亲自带

一对一地帮团队梳理资源，跟进每一张单子，亲自参与客户的洽谈，全程陪同团队工作。总之，老板亲自参与到每一个工作环节中，以自己的实际行动感召团队的每一个人。

（四）反复训练

三秒内打开对应产品图片，讲解时逻辑清晰语句顺畅，辅助道具运用合适，这些只是基本功。销售人员还要跟进客户、拜访客户、为客户解决疑虑，针对客户可能提出的问题进行预演，确保全程为客户提供专业解答。此外，团队的销售人员要始终保持非常强的学习力。

（五）奖惩机制促动

每个岗位都有对应的考核标准，如渠道人员，要求每天拜访三位设计师。那么，拜访前的准备工作如下：

1.设置拜访路径及替补，确保当天拜访能达到三人；

2.翻看并记录前一天日志中的问题，对当天日志进行详细复盘，如自己不能解决，向同事和领导寻求协助；

3.明确拜访的设计师公司与姓名。

有些人说肖静红的做法确实好，但自己执行不下去，因为员工不愿意学习。其实，这可能是老板自己重视程度不够，缺乏带头作用，也没有设计有效机制，自然难以取得良好效果。

信得过的“肖女王”：用人设第一时间赢得客户的信任

在跟肖静红对话中，我们发现，她在无锡高收入客户圈层里，有很强的说服力，这缘于她成功塑造了一种人设：具备很高的审美水平。她经营的产品经过了严选、甄选，象征着高品质，这就是一种很硬核的背书。

通过长期实践，肖静红让客户、员工都坚信，她在审美、品位等方面都是专业的。之所以这么说，这与肖静红的成长经历密不可分。

肖静红出生在一个富裕家庭，她对穿衣打扮有很高的审美，在生活品质方面也追求颇高。这也是肖静红选择代理进口瓷砖品牌的原因，她认为自己有能力对接并服务好高端的目标客群。事实证明，肖静红的选择没有错，发展到现在，无锡的高收入业主群里，很多客户非常认同她的审美，并形成了一定的口碑。有时候老客户拿到方案时，都会问一句："发给肖总看过没？"

专业能力过硬，服务意识超强，第一时间就能增强客户的信任感。当然，这也是一种压力，必须把事情做得更细致，才能对得起客户的信任。所以，肖静红很珍惜客户对自己的信任，选品非常谨慎，提供方案非常专业。以本杰明摩尔为例，代理后的第一年虽然陆续开单，但施工并不理想，于是肖静红直接把销售先停掉，全力解决施工问题。

通过十个月的努力，终于组建了一支符合本杰明摩尔施工要求的专业团队。为了加强施工管理，公司通过培训、考级等形式全面提升施工人员综合素养。

本杰明摩尔提供从产品到涂刷一站式服务，施工要求非常严格，普通涂料品牌的工人每天涂刷约几百平方米，而本杰明摩尔施工因对基层与涂刷手艺的高要求，每天每人施工量只能达到25~30平方米。让工人把刷涂料当成艺术品来做，在施工上下足苦功夫，最终使肖静红收获了极高的客户满意度。

下一步怎么做?

无锡的市场正在发生变化，进口砖的主要客户群体集中到别墅这块，而且占比越来越高。

肖静红认为，自己的核心竞争优势必须继续坚持，比如客户的服务、设计师渠道等，同时计划切入防水品类，尽早跟客户建立联系，产生黏性。现在别墅防水的施工痛点很多，自己得想办法做得更好，进而获得更多的客户信任，再嫁接到瓷砖与涂料产品。当前，要介入一个别墅项目，往往需要半年以上的时间，一旦把防水业务跑通，与客户的接触将提前许多。

跟装修公司谈合作的时候，她提到，IMOLA在无锡市场将全面配合装修公司提供服务，为别墅之外更多的客户服务，即使是单个空间，也会全力支持。因为用到IMOLA瓷砖，是一种身份的象征，自带尊贵感，很多客户高度认可，只装一个空间也能彰显品位。另外，更多设计师、客户体验IMOLA瓷砖的产品效果和服务之后，往往都赞赏有加，这也能为装修公司加分。

另外，肖静红正尝试微信视频号、抖音、小红书等自媒体，比如视频号“肖女王的装修随笔”，输出日常的生活内容，展现生活品质与IMOLA的服务。她平常怎么生活的就怎么拍，浏览量均在5 000以上，每篇的点赞量普遍过百。通过新媒体的渠道，展示品牌的魅力，增加与客户的关联，让更多人认识“肖女王”，认识品牌，让很多人都用上IMOLA瓷砖。

肖静红认为，身处这个时代，要想把一个高端建材品牌做成功，做事的人必须要有底气，还要有匹配高收入客户资源的团队，更要把服务做好。

江湖"萍"说

家居产业的大商队伍里，女性企业家相对较少。正所谓"巾帼不让须眉"，肖静红扛起了长三角区域的一面大旗。

肖静红具备顽强的意志力，刚开始做生意的时候，几个月业绩不理想，但她从未想过放弃，而是努力维护好每一个客户，从中积累经验，不断扩大战果，终于破局而出。

在她的经营策略里，有两个专注非常重要：一是专注做进口品牌，深入钻研品牌、渠道与客户，积累资源，集中精力办成大事；二是专注于极致的细节，在团队培养、设计师合作、项目交付、客户服务等所有经营环节，都能感受到她对细节的极致追求。

她始终保持对服务质量和客户满意度的高度重视，并从经营理念、责任意识、门店接待标准化，到服务流程、现场施工要求、设计服务、进度汇报、美缝效果、满意度评价等入手，跑出了一套成熟的模式。而且，她总能围绕客户满意度提供一些别人还没有做到的服务，死磕每一个提升满意度的细节。就这样，她在本地区创造了非常好的口碑，走在了行业的前面。

肖静红认为自己的经营策略并没有特别出彩的动作，但萍姐认为，把细节做好、每个动作都到位，就是出彩。正是这种对客户的高度负责、对口碑的极致重视，使得肖静红经营的企业在当地成了行业标杆。另外，她有着非常高的审美水平，对潮流品质生活有良好的把握能力，进一步加强了她在高收入业主圈层里的说服力，最终成功地引领了高端市场。她的做法值得大家学习。

06 别人做加法，他在做减法。聚焦单品类单品牌，照样虎虎生风，他的经营秘诀是什么？

家居英雄

姓名：单　兵

来自：河南郑州

单兵，一位退伍老兵。超强的执行力、行动力和学习力，是他身上的标签；执着、坚韧、专注，是他一路走来的经营法宝。

在很多人做加法的时候，单兵选择了做减法。从多品牌减少到聚焦单品牌，同样做得虎虎生风。

故事前情

在很多成功的经销商案例中我们会发现，大多数都是多品牌多品类运营，还有跨城市经营，从而覆盖更多的市场。但是同时也有一批人，依靠着对单一品牌、单一品类、单一城市的深挖，将企业做大做强。下面我们要介绍的郑州经销商单兵就是如此。

一路走来，他从代理五个软体家具品牌、纵横豫鲁两省，到聚焦软体家具市场，开始单一品牌全品类、聚焦单一城市全覆盖的战略调整，在二线城市郑州开拓了成功局面。他是如何做到的呢？让我们认真地去看他走的每一步，看看他的心路历程。

高手过招

从广泛撒网，到单品聚焦，他走过了一段怎样的路？

单兵的创业史要从2008年说起，那是一个偶然的契机让单兵萌生了做生意的想法。与很多人的坎坷起伏不同，他的创业之路，一开始便是高光时刻。

（一）多品牌路线，让初出茅庐的他在短短四年内便稳坐“头把交椅”

正所谓“广撒网，多捕鱼”，刚入行的单兵以产品覆盖更大的市场，他确立了多品牌的路线，从多个床垫品牌入手，迅速做到了门店面积4 000多平方米的规模。同时，他还积极拓展品类，代理了左右沙发。

2010年，他仅用短短三年时间就在河南、山东两省的市场站稳了脚跟，成立两省运营中心，并且把左右沙发做到郑州软体家居第一名。他为之实行了三个重点战术。

1. 全盘布局开店，规模迅速扩张

2007—2008年，红星美凯龙、居然之家等大卖场纷纷进驻郑州。单兵紧抓机遇，对自己的商业版图也开始了大刀阔斧的布局扩张，一边在豫鲁两省的个别城市开直营店，一边吸引经销商去覆盖大部分地县城市。

2. 积极分利员工，实现高效管理

在向外扩张的同时，单兵在经营过程中极为重视对内的团队管理。他采用了当时很少有人做的分红制度，在提成之外给爆破团队、区域管理团队等发放额外的经济激励，让员工的战斗力被激发，更有动力去创造业绩。

3. 主动营销作战，主动迎接客流

单兵的团队营销作战能力非常强，举两个小例子来进行说明：一是他们能在停车场帮助保安在出入口值班，当消费者进停车场拿卡时，员工在发卡的同时配一张广告页，把广告精准投递到客户手中。二是他们通过与第三方合作落地爆破活动，学习活动精髓，随后迅速组建40人团队，分成十几个爆破小分队为两省的经销商引流，不仅做到了遍地开花的营销效果，还推动了整个软体家具市场走上爆破活动的道路。

（二）单一化聚焦，将事业向专一领域进行深耕

2019年，在左右沙发要对运营总代的模式进行调整时，刚好单兵也正在探索新的运营模式。他感受到多品牌的局势下，有限的精力很难将每一个市场研究透彻，而且每个品牌一两家店的规模与收益也很难支持广告、活动等推广费用，难以产生规模效应。

对手里的几个品牌进行了权衡之后，单兵最后选择了左右沙发。他决定聚焦左右品牌、深耕单一城市郑州，并树立了“三年冲击市场第一”的豪情壮志。为了实现这个目标，单兵将最初创业时的成功经验与品牌效应相结合，以“四个覆盖”的核心路线开启了店铺规模的扩张。

1. 品类全卖场覆盖

单兵的左右沙发在郑州市内已经覆盖了30余家卖场、批发市场。在

个别运营困难的商场里，作为第一家进场的软体品牌，单兵会带头租赁下1 500平方米的大店，签长期合作协议，然后带动其他品牌进场，形成行业聚集效应，打造市场的繁荣局面。

2. 市场全周边覆盖

单兵不仅做到了主城区商场的全覆盖，同时还特意派4个人到周边二、三线城市调研，实现周边县市家具建材市场、批发市场的覆盖。

3. 产品全系列覆盖

在左右这一个品牌中，单兵走的是全系列路线，也就是经营左右沙发的所有系列产品，即使是新中式的乾坤、智能等小品类也小规模地尝试去做。

4. 大店全盈利覆盖

店面规模是营收的基础，所以在创立店铺时，单兵对每个店的目标定位是1 000平方米，覆盖皮、布、睡眠三个系列。如果商场的租金比较低，会争取扩到1 500平方米，并且会争取头牌头位，以外立面宣传实现品牌广告效应。

“想做成大商，扩展规模是必须的，郑州全市有300万户家庭，而我目前累计的客户数量是7万多户。整个市场容量很大，我们还有很大的上升空间。”单兵让左右沙发在两年中一直保持着高速增长，郑州的单系列店面就有70多家，并且还在不断扩张。这与他在店面、团队、产品、营销、服务五大方面的管理是分不开的。

店面管理——精细核算、单店考核，让每家店都有盈利

在前期“多品牌、多城市”的经营模式中，单兵分散的精力很难关注到每一个店铺的营收。随着战略转型，他开始沉下心去钻研店铺运营，并实施单店考核机制。也就是“轻单个员工业绩，重整体店面盈利”，另外实行节流开源两手抓：一手抓考核费用，通过管理控制成本；一手抓销售，想办法做大业绩总量。并从以下四个维度来进行店面评估。

（一）店面面积的合理性

在店面布局上，要把握区位与租金之间的合理性价比。租金较高的店面，就把面积控制在1 000平方米以下；租金比较低的店面，面积就可以放宽到2 000平方米或3 000平方米左右。

（二）运营成本的可控性

在理论上看，店面租金与其他成本的比例大概是1:1，所以在开每一家店时，事先都要做严格的预估费用与产出的比例，然后根据结果决定面积、人员编制与销售任务。

（三）员工配置的科学性

单兵要求店面中每100平方米不少于1个店员，1 000平方米的店中大概就会有10个店员，再加上店经理与下属的两名小店长，形成骨干团队。充足的员工数量不仅会给客户带来更周到的消费体验，还能给店员打造一个广阔的上升空间，让他们在压力中爆发工作的动力。

（四）销售任务的目标性

在单店考核的管理模式中，单兵坚持三个原则：一是通过数据系统核算，确保各店的核算准确，良性运行；二是每个店都要能赚钱，如果连续亏损三个月，就要及时止损；三是推行一店一策，每个店可以根据自己的消费市场进行更加具体的个性化调整，以确保每个店的正营收。

团队管理——从管理到待遇，宽严并济的人才政策

从管理层到销售人员，有活力的团队是每一个企业的原动力。

（一）精细化管理，塑造一支能打仗的团队

单兵将公司分成了五个事业部：包括皮沙发、布沙发、睡眠、定制四个事业部，以及服务于所有品类的营销事业部。

各个事业部既可以更深入地研究产品，又能及时与工厂总部对应的各个事业部对接，通过团队的专业化，实现产品的专业化与精细化管理。同时门店也匹配了对应的做法：1 000平方米的旗舰店里分成了皮沙发、布沙发、睡眠三支品类团队，每个团队由一名店经理、两名小店长负责，他们再分别跟公司各个事业部对接。公司也会根据三种品类的不同销售方式分别培训，最大化地提升团队的专业水平，以满足消费者对于每个品类的专业要求。

在团队的组织结构上，单兵会将成熟稳重、有经验的年长员工与有活力、有冲劲的年轻员工搭配组织，以老中青的结合，使整个团队充满斗志、稳步前行。同时，公司还会有正式拜师仪式的师徒制度，让双方

在仪式感中加强感情，让老员工真心接纳新员工并向其传授经验。

单兵格外重视骨干的培养，他会通过设置不同的月销售额门槛来区别普通员工和业务能手。业务能手是团队的重点培养对象，会有一些相对优厚的政策。同时，公司还搭配团队中的淘汰机制，每个员工都有业绩的保底线，公司会每三个月进行一次考核，如果连续三个月业绩不达标就会立刻被淘汰。

严苛的管理策略背后，单兵更重视人性化关怀。如果员工遇到经济困难，他会马上慷慨解囊。

（二）丰厚薪资收入，形成强大的员工向心力

与严格的管理制度相伴随的是丰厚的薪资收入，单兵知道对于员工来说收入才是最实在的驱动力，所以他通过两种收入模式来保证员工的付出与收入成正比。

1. 高收入激励：让员工有成果

为了让员工享有高收入，单兵采用了绩效、分红等多种形式相结合的方式来提高员工收入。如店经理除了工资之外，还有分红；普通员工达到业务能手线后，当月就可以额外得到一笔可观的分红。这种高收入的激励不仅吸引了大量的优秀员工加入，带动了员工的工作积极性和热情，同时也促使员工能更加用心地为客户带来更好的服务。

2. 店长入股、全员持股：让员工当老板

为了激活骨干员工的战斗力，单兵推行了店经理入股、全员持股的做法。店经理达到一定条件就可以投资入股，投资入股后公司会赠送10%的股份。而优秀员工可以享受全员持股，但是员工的工资、绩效会照常发放，持股的分红从利润中单独结算，并且当月兑现、年终兑现，

形成了“工资+提成+利润分红”的多重收入结构。

这个政策让大家从员工变成了股东，一来推动大家把工作当作自己的事业来做；二来促使员工对支出更谨慎，因为店面的利润关乎自己的分红。单兵在这项政策执行过程中表现出来的大气与睿智深得团队称赞。

产品管理——五大机制，梳理产品合理布局

“最终打动消费者的一定是产品，营销只是一个突破口。”产品是单兵管理模块中极为重要的一环，这也是他从2008年开始打造出的核心竞争力。

（一）紧密对接工厂

单兵要求每个事业部都要把来自一线的建议与反馈，以文字报告的形式第一时间反馈给工厂，方便工厂根据反馈来快速精准地做出调整，让消费者得到更合适的产品。

（二）产品更迭及时迅速

单兵认为软装家具的款式对消费者来说极为重要，所以他会让各个事业部与工厂紧密对接，快速获知产品的最新信息，并快速推进市场。同时，他会淘汰并快速处理处于销量后三名的产品，来确保“淘汰不入库，库中无样品”的产品管理规则。淘汰滞销产品后，必须对应补齐该段位的产品，保证每个阶层的消费者都能挑选到自己满意的产品。

（三）产品价格梯队稳定

目前，产品规划中有五大板块，有可以市场引流的主打产品，还有特、低、中、高四个价格区间产品。在店面内按系列划分后，就将每个价格段的款式固定下来并在所有店内标准化执行，这样就能兼顾到各个消费群体的需求。

（四）重视产品套餐推广

产品套餐的销售模式就意味着大客单值和更多的销售成绩，这也是单兵的又一个管理重点。店面围绕“大套餐、小套餐，我们天天卖套餐”去精心设计产品搭配，通过不同规模、不同场景的大小套来实现业绩提升，同时也让消费者获得一站式购齐的购买体验。

（五）同步提升店面品质

与产品管理同步的是对店面品质的提升。单兵要求门店每隔三年必须重新装修一次。如果有新的视觉体系，不满三年也要重装，而且重装后必须上新品。他要求时刻让客户可以选择更新潮的家居产品，为客户提供更好的购物体验。

营销管理——高低空联合营销攻势，渗透客户内心

单兵的成功，一半源于他善于带兵打营销战役。

（一）高空打：邀请明星助阵，举行大型活动，实现流量爆破

高空打就是以明星助阵为亮点、以大型活动为依托、以广告投放为延伸的爆炸式引流模式。单兵一年至少要做四场大型营销活动，曾与黑豹乐队、谢天笑、杨澜等多位明星大咖合作，部分单场活动投入超百万元。他跑通了“先期积攒客户，中期明星助阵，后期现场爆破”的营销活动模式，做出了相当不错的效果和业绩。

（二）低空打：聚焦店面多维度营销能力，建立从引流到签单的营销闭环

大型营销活动之外，每个门店作为一个独立单元也是营销的关键，店经理可以通过店面直播、社群调动、小区推广等方式，实现从引流到成功签单。

1. 动员大会，增进员工品牌自信

单兵每个月都会固定召开一次动员大会，并在会上对上个月的优秀员工进行表彰、对下个月的活动进行预热动员，同时还会请商场负责人演讲。这样既增强了员工对公司与产品的信心，也将这种品牌自信传达给客户，让客户更信任品牌。

2. 店面直播，利用商场平台资源

单兵的每个店面都会与商场合作，用商场的平台与资源开展直播，每家店每个月不得低于两场。所有的店面加起来，相当于公司每天都有直播，将平台的资源最大化利用起来。

3. 炒群营销，关键客户裂变

小区群的营销是打入新交房楼盘、获取新房客户资源的关键措施，这就需要每个门店通过与进店顾客沟通、朋友邻居介绍、老客户介绍等

各种方式去发现关键人，然后通过他来建群并邀请其他客户，再通过不断裂变建立起精准社群。通过各种权益来激励群成员去召集新成员，也让所有群成员得到切实的优惠。

4. 落地活动，转化客户流量

每个月单兵会用一周给员工休息，组织团建、旅游等放松活动，其余的三周就全力以赴地去营销。他要求在这三周中，周三、周五各举办一场落地活动。高频的店面活动，几乎每个月都能贡献一半的订单。在不断的磨炼中，这套流畅的营销活动已经形成了常态，从引流到销售，每个店面的团队都可以轻车熟路地驾驭。

服务管理——免费打理服务，增强老客户黏性，保证复购持续增长

现在的品牌服务不仅是客户满意度的重要维度，更是品牌档次的彰显。在上述营销打法之外，单兵同样注重服务管理：一来增强老客户黏性，保证复购持续增长；二来可以树立口碑，不断吸纳新客户。

（一）免费打理服务，增强老客户黏性

单兵制定的核心服务策略之一是免费打理，通过与第三方专业公司合作，为客户提供沙发清洗保养服务：所有消费者都享有首次免费，二次仅收成本价的清洗保养服务。同时，他还建立服务群，每天在线查看服务情况。在第三方完成打理服务后，只要消费者发朋友圈给予认可，单兵就会向第三方发放奖励，以此保证客户服务的质量。

（二）合理回访制度，保证老客户复购

为了保证每一个阶段的服务质量，了解客户的心态，单兵建立了详尽的回访制度。首先，单兵建立了详细的客户电子档案，包含每次购买的情况，让服务更具针对性；其次，组建了专职客服部，主动回访客户，让客户感受到品牌方的关心，并且可以借回访的机会告知对方公司近期的各项活动；最后，单兵一年做一次老客户联系，在店庆的时候会通过电话与短信主动邀约老客户参加活动，告知活动的礼品、优惠等政策信息，提高老客户对品牌的好感，从而提升复购率。

从2008年到2021年，单兵积累了7万多个客户，其中有些客户连续复购五六次。能做到这种客户黏性，除了左右品牌强大的产品力、全面的产品系列和优秀的品质能够满足客户的各种需求之外，更与他打造的一系列服务管理制度有着重要的关系。

江湖“萍”说

这是一位外表谦和，但骨子里充满斗志、头脑睿智的企业家。他出手凌厉、干脆利落，随时都清醒地知道自己要做什么、怎么做、如何做到最好，并能有效地付诸行动。

回顾单兵的创业经历，我们印象深刻。

起家时，他以床垫为主线，打造起多品牌软体家具的王国，大胆布局快速扩张；形势变化之后，他快速调整战略，实施品牌聚焦与城市聚焦，实施开大店、全覆盖的战略，再次实现成功转型。

在经营中实施现代化管理措施，以店为单位精细核算；通过

事业部、拜师制度、淘汰机制、老中青结合、店经理+小店长、高收入激励、店长入股、全员持股等措施，塑造能打硬仗的团队；借助淘汰机制、五个价格段、快速上新、卖套餐等产品管理策略，提升产品竞争优势。

单兵的具体战术，同样值得我们借鉴。

1.重单店盈利水平。即使是高速扩张期，也不忽略对每家店的投入产出做评估，严控综合成本；对员工配置、店面销售任务等精细核算，确保每家店都能赚钱。而很多经销商，在扩张时被表面的营收增长所迷惑，反而忽略了最为关键的利润因素。

2.一家公司业绩的好坏，直接取决于营销攻势的有效性，单兵能够保持淡旺季订单基本稳定，并能穿越十数年的产业周期，有效的营销打法功不可没。他的做法都非常系统：一是高频次举办明星助阵等大型营销活动，实现流量爆破；二是提升门店营销能力，配合店面直播、社群、联盟、小区、周三周五落地活动等多种方式，实现从引流到签单的闭环。

3.让员工当老板，已经成为大家居产业里值得重视的现象。要把事业做得更强，就要培养一支忠诚度高，并且能力出色的骨干团队。这样的人为什么愿意与老板一起奋斗？答案也非常简单，平台有凝聚力、团队价值观统一、收益高、有前景。

4.创新迭代的精神与行动力。这是企业家非常宝贵的品质，我们能够清晰地看到单兵不断分析市场并随之做出调整；同时在管理、团队、产品、营销、服务等多个环节上尝试新思路、丰富新内容、探索新方式，使得整个公司的运营不断迭代，往更高维度上升。

篇 章 二

乘风破浪的中坚力量——与时俱进、不断开拓的探路者

07 这个"80后"新手，如何用9年时间实现了几十家门店的开启？

家居英雄

姓名：李良壤

来自：四川新都/郫都/资阳

他是"80后"高才生，从学校毕业不久就踏入家居领域，没有任何经验、没有任何积累……这位年轻的创业者仅用9年时间，就开了几十家门店，请看这位家居小白是如何绘出人生蓝图的……

故事前情

在决定步入商海之前，人们最常被问及的一定是："你有经验吗？"

确实，在复杂多变的商界中，充足的经验意味着更少的试错成本，意味着更从容的商业操作。但是，作为商界新手的李良壤却以空白的行业经验步入了家居市场，用9年的时间，成为高速发展的楷模。在他打造出的成功案例中，我们可以看到这位商业新锐所具备的独特优势，那就是极为清晰的商业思维和步步为营的清晰打法。

对于任何一个行业来说，想要稳步前行，既要有全盘的战略指引发展的方向，又要有合理的战术让战略得以平稳落地，所以做事条理清晰是创业者开展一切的大前提，而这也是李良壤成功的关键。

高手过招

新手入场，顺利从郊区市场打开局面

作为新手入场的李良壤并没有商业经验，有的只是来自经商父母的家庭熏陶。

2010年，从西南财经大学毕业的李良壤并没有接手父母的生意，而是在中石油找了一份工作。然而，工作稳定的他却对未来的发展感到一阵迷茫。

时隔一年，成都一大型家居卖场开始招商，经商数十载的父母将这个消息告诉了他，并根据他们的经验给出了建议：大市场一定会有大生意！李良壤也认为这是一个大有可为的机遇，于是2011年10月他正式辞职回到成都，开始了其崭新的商业之路。

（一）战略设定正确，并为之全力以赴

正所谓“万事开头难”，开局设定对事业的发展走向尤为重要，所以李良壤在开局就为自己设定了三个清晰的战略目标。

1. 选择大市场

当时选择的家居产业园面积达100万平方米，超大规模的建设也配套了超大规模的推广，前期不错的客流量支撑了门店的发展。所以2012年的他，紧紧抓住了商场流量端的红利，获得了成功。

2. 争取好位置

作为家居行业的新手，李良壤对行业、品牌知之甚少，但他认为：做零售，门店的位置很重要。所以在跟商场沟通时，他要求签最好的位置。但商场方面的要求是：拿到顾家家居的代理权，他才能获得黄金区位。

为了达到这个要求，李良壤联系到顾家品牌，展开了数轮协商洽谈。他向顾家品牌介绍自己的团队以及未来的规划，甚至结婚的前一天还与对方的负责人沟通合作。最终，他的坚持打动了品牌方，成功拿到了顾家新都的代理权。

3. 选择好品牌

李良壤坚信，在如今追求品质化生活的当下，好品牌一定是消费者意向倾斜的重点。而2012年的顾家吹响了快速增长的号角，客户认可度很高，品牌的高速发展一定能对自己的发展提供极大的推动作用。

（二）战术条理清晰，并将之贯彻落实

在经营过程中，李良壤多次参加顾家组织的学习，掌握了很多经营策略。于是，他对自己的团队、组织架构与市场开发方式做了进一步的改造，形成了体系化的打法。

在人员配置上，李良壤目光长远，将所有岗位人员都超配了一倍，积累了一批优秀的团队精英。在组织架构上，他搭建了包括仓储、采购、财务等业务的后台，实现对前端的高效支持，使得前后端协同高效运转。在行业竞争上，由于当时四川成都地产品牌大量聚集，价格战已毫无优势可言，于是李良壤采取了差异化的竞争路线，以强大的品牌背书，搭配在商场园区的各个位置曝光，强化客户对顾家的印象。在获客

渠道上，李良壤在自己做活动的基础上，通过与商场深度捆绑，借助商场的推广力度、自然客流、政策支持来获客。在客户转化上，他不断强化一线人员签单能力，同时将店面产品针对市场趋势进行搭配，同时将店态的面积做大、产品做多、体验做好、颜值做高，通过各种方式来提升成交率。

2012年时，初出茅庐的李良壤就把以上的战略战术全都执行得严谨有序，从而在短短的一年内便创造了销售额超千万元的开门红。

市场走低，依旧能通过商场流量实现可观营收

2020年，商场流量普遍叫衰，但是李良壤旗下所有品牌的营收却不降反增，商场流量营收占比50%以上。李良壤做出这样漂亮的成绩与他条理清晰的店面配置与关键打法有着密切的联系。

（一）整体配置科学化，更符合市场趋势

李良壤对于店面的团队以及渠道有着科学的配置，搭建出了稳步前行的框架。

1.“设计师＋导购”的团队构成

李良壤的店面配置遵循了当时的市场趋势，即100平方米配备一名导购、一名成品设计师或者定制设计师。导购虽然会设计，但必须要有专业的设计师提供审美上的专业方案。

2.“1+N+X”的渠道布局

李良壤的渠道网络遵循了顾家的“1+N+X”逻辑，即“规模大、体

验好的旗舰大店+各个商场开展窗口+各种渠道同步进行”的模式。在这种模式下，李良壤完成了从200多平方米的商场单店到1 000多平方米的旗舰大店的渠道布局。

（二）具体战术全面化，以应对各种情况

布局后又该如何将其落地呢？

1. 全力争取商场资源

虽然商场客流量在下滑，但是整体的存量依旧很大。可以在商场各处加强品牌宣传，也可以打造“两月四场”的高频次营销活动，极大程度提升品牌在消费者心中的活跃度，获得自然客流的青睐。

2. 全力提升门店运营团队

门店运营团队的意识与能力是与对手竞争的核心要素，所以李良壤不遗余力地打磨团队。

以内部推荐、院校招工等多渠道、常态化招聘，保证优秀人才不断涌入；以具备挣钱欲望、对销售行业热爱以及基本职业素养为选择标准，保证员工具备创造价值的能力；以新员工集中培训与骨干专带的师徒制为培养模式，保证员工有成长的通道；以形式多样、内容丰富的物质奖励，与温暖贴心、充满能量的精神激励相结合，保证团队充满战斗的力量。

在这样“注重整体，着眼细节”的管理中，让李良壤的门店营收不仅没有随着市场萎靡，反而保持住了昂扬的姿态。

潮流变化，新形势下他开启了全新流量密码

2015年后，商场流量的下滑昭示着市场的流量结构进入了新的周期。李良壤清晰地感知到，未来的生意不能依靠于单一的渠道，而是要有侧重地走全渠道路线。在这一理念下，他开始了建立新渠道的全新征程。

（一）做好售后服务，提升老客户复购

在李良壤的整个营收结构中，老客户占比已上升到15%左右。他打造的服务体系包括以下四种。

1. 售后上门服务

为老客户提供清洗沙发、床垫除螨、窗帘清洗等上门家居保养服务。特派服务车，配置三名员工，为预约客户提供快速高效的上门服务。

2. 赠送节日礼品

每年春节等特殊节日，李良壤都会安排公司给老客户邮寄礼品，礼品的形式多种多样，而且每年都不一样。特殊节点，公司还会为老客户打造感恩礼赠活动。

3. 销售人员的私域连接

在公司运作的基础上，李良壤还会跟销售人员强调要把老客户当成自己的朋友，朋友自然会成为你的财富。

在2020年新冠肺炎疫情期间，门店必须闭店，经营压力很大。在这样的情况下，团队决定试水一次情人节线上活动，推出包括床垫等产品的情人节礼物包。

整个活动的环节安排得非常紧凑：上午电话会议安排活动，中午敲定方案、制作电子海报，下午两点钟开始线上直播。如此紧凑的进程，却在几小时内售出了500多套，这都源于销售人员朋友圈的私域流量。这次活动不仅仅佐证了老客户对于公司的重要性，更是给李良壤指明了下一个发力方向——基于微信的私域流量运营。

4. 搭建会员体系

李良壤认为对于经销商来讲，客户是自己真真切切可以把握住的群体，一个合格的经销商必须要有自己的会员体系。

基于这种考虑，李良壤开始搭建有电话号码、微信，并且能关注品牌、有购买意向、有沟通交流的高价值客户会员体系。从面向客户建立多对一的服务群开始，最终搭建起一定规模的客服群，让每一个客服与客户都能保持不断的联结。

同时，李良壤还打造了小程序商城来配合会员体系，并引入一部分高频低价的家居用品，在会员客户群体中宣传，既能促进销售，又能让会员真真切切地得到实惠。

（二）发力拎包入住，逐步做大收入规模

2016年开始，随着成都精装房的交付比例增加，部分家居企业开始与开发商合作拎包入住渠道。李良壤在调研后发现这个市场很有前景，便再次进行了条理清晰的布局。

2017年年底，他招募了一位拎包负责人，组建起专业的拎包团队与万科、恒大、蓝光等大品牌物业合作，由此获得一些具有意向的业主。之后，由团队去联系、征集样板间，达成意向后设计师上门量尺，布置样板间并呈现产品。最后，请物业公司在为期一周的集中交房期，引导

业主到样板间参观，李良壤的团队在现场接待客户。

随着市场发展，拎包渠道的竞争越来越激烈，对此李良壤用了四招实现持续增长：一是组织专门的拎包团队推动，抛弃以往门店导购的不专业推动；二是坚守品牌优势，紧握顾家提供的强有力的品牌背书；三是积累楼盘成功合作案例，确保日后合作与交付流程的顺畅；四是铺设拎包楼盘门店，有针对性地提供样板间服务外的各项支持，以此拉近与客户的距离。

（三）利用互联网渠道，拓宽线上流量资源

从2019年李良壤开始布局多媒体营销矩阵，来获取线上流量。

1. 大众点评网 + 高德地图 + 百度地图引流

李良壤要求每个店都要在大众点评网开通在线页面，同时店员要争取让成交客户发表评论。另外李良壤还通过高德、百度等地图平台开通在线店面，并发布信息。现在每月已经可以通过线上引流转化5~10组客户。

2. 直播 + 社群爆破

在新开楼盘中，首先锁定重点楼盘，锁定种子客户，再由种子客户以小区为单位拉小区群；其次在群内引流观看直播，直播内容只聚焦该楼盘。同时，社群中的销售人员要树立良好的形象，以维护社群的可信度。最后要及时落地，甚至要每周进行一次落地活动，来提升群内客户的活跃度。2020年，就有三个楼盘通过这种方式将业绩做到了300万元以上。

3. 抖音流量获客

从2021年年初，李良壤就开始与顾家品牌方合作投放抖音广告获

客。先由品牌统一投放广告并在后台获取客户信息，然后将客户信息发给李良壤的团队进行后续的跟进与服务。经销商只要投入很少的费用，便能获得很不错的效果。

同时，李良壤在一线中挖掘有能力的员工，让他们在微信小程序与抖音两个渠道推进两个直播项目：一是在每周四下午两三点钟做家居知识普及类的直播，比如怎样保养沙发、怎样鉴别实木家具等；二是做店面直播的项目，由品牌方的集中式直播转向20多家店自己做的分布式直播，形成基于头条系、抖音系的传播矩阵。

（四）整合流量资源，实现多端口共赢

李良壤认为，身为老板最核心的工作就是资源整合。一旦资源整合叠加成功，就可以瞬间引爆，激活销量。因此，他最重视的就是整合品牌、商场与异业三方面的资源。

在品牌资源方面，要最大限度地去争取品牌方的营销费用和活动专款支持，打造自身的独特性；在商场资源方面，要最大限度去沟通，争取大型商场的推广费用来支持自己的活动；在异业资源方面，要争取让异业伙伴愿意把手中的客户分享。当然，要做好资源整合首先要做好自己，予人玫瑰才能手有余香。

以2019年郫都店开业为例，李良壤做了一场明星活动。活动前期通过联盟的方式蓄水，李良壤在除负责请明星、提供礼品外，还争取到了品牌方的营销费用资源，商场的营销资金、宣传资源与开业活动资源，异业成员的客户资源等。几个端口的资源叠加，不仅实现了活动的成功落地，还做到了700多平方米的门店开业两天就实现过百万元营收的傲人业绩。同时，品牌、商场、异业伙伴也都各取所需，形成了多赢的局面。

蓬勃发展，始终能保持着增长态势

在李良壤的经营观中，他认为经营必须呈增长态势，增长可以慢，但必须要持续，绝对不能出现负增长。

（一）设置销售标线，保底持续增长

在他建立的机制里，任何门店与区域的负责人可以没有完成任务，但不能出现负增长，一旦出现就一定换人。在这种思维的指引下，李良壤对销售部门设置了三条线：第一条线是超出标准的超额完成，第二条线是按照标准的卡线完成，第三条线是没有完成标准，但是却不能较去年同比下滑的底线完成。也就是说，无论如何，也不能出现退步的情况。

（二）两大增长逻辑，确保持续增长

其一是外延式增长，也就是实现规模向外增长。比如，看到好的位置，立即投资运营，用开更多的店、通过规模的扩大来实现增长。其二是内生式增长，是指让目前运营的门店每年都冲击更高的目标，实现同比增长。另外，公司也会打造标杆店来带动内生式增长。

通过“外延”与“内生”两条腿走路，来确保营收能做到持续增长。

（三）多种政策支持，助力持续增长

1. 专门设置增长运营部

李良壤命名的增长运营部中的“增长”二字是其中的灵魂，主要用

于突出增长的重要性，增强员工的增长意识。所以这个部门在负责新媒体运营、活动策划、营销物料之外，还会探索新业务，寻找新增长点，想办法帮助店面实现新增长。

2. 配套实行合伙人机制

目前李良壤旗下80%的顾家门店都在实施合伙人制度，也就是虚拟承包制。比如店长投入10万元、导购投入5万元，完成计划任务后，就可以按投资比例得到很高的分红；如果没完成，本金可以退回，也能按投资比例得到5%的保底分红。这样的政策既保证了员工的资金不会亏损，又能聚集到一群更有能力、有挑战欲的人，组建一支强悍的团队。全员为增长而奋进、学习的姿态，不断助推公司向前发展。

横向探索，建立更大的规模以满足市场分层的需求

在李良壤初始创业时，就树立了“做行业综合实力领先的家居品牌运营商”的远大志向，在与顾家家居合作的过程中，品牌方“规模能带来更大的规模”的理念更是加深了对李良壤的影响。

综观家居市场，李良壤认为如今消费者需求层级多样化，所以他做了一些品类补充，形成自己的家居生态王国。在扩店方面，李良壤会考虑财务平衡点，从更安全的角度考虑问题。

作为一名创业不到十年的年轻经销商，李良壤却很早就涉足了跨区域代理，成为新都、郫都、资阳等地区的代理商。之所以敢这么做，与他在团队、机制、系统赋能等环节进行的缜密布局是分不开的。

团队配置上，历经七八年的时间沉淀，公司内部已经形成了人才储

备库，其中工作五年以上的一线老员工占到50%以上，很多人已经具备了可以独当一面的区域操盘能力。因此，当李良壤布局一个新区域的时候，可以从容地派出两名负责人，先让一个人去做，没做好再随时调整更换第二个人。

组织建设上，李良壤采取的是组织冗余的策略。在最初进入市场时，李良壤就已经想到了日后要跨区域发展，所以对团队都是超额配置。超出的人员可以增强内部竞争，带动积极性，同时还可以为未来发展、开新店做铺垫。

市场分析上，李良壤对每一个新进入的市场都深入调研。以资阳为例，这个城市的经济总量虽然一般，但经营成本低，有一定空间，亏钱的可能性很小。并且，城市的地缘具备向周边扩张的战略意义。

在拿下新都区域后，他清晰地做出了一系列具体规划。首先，安排区域的操盘手配备辅助销售人员进场扶持3个月，形成“1+3”的团队作战格局。其次，权力下放，直接给到区域市场的操盘手，公司只对财务、货品进行统一管控。再次，统一的系统搭建，用统一的进销存货品管理体系，对视频号、公众号、小程序等线上营销渠道、高频营销活动进行全力的支持。最后，实行合伙人机制，将每个区域的财务交由各区域独立核算，以此激发区域操盘手的工作热情。

李良壤在多年的从业中取得了斐然的成绩，也产生了深刻的感悟，所以他对同业的后来经销商们也有着真诚的建议。

首先，家居行业已经过了短期高收益的时期，要有长线作战的准备，在扩张的时候，一定要注意现金流的健康；其次，开源有不确定性，但节流是确定的，所以要不断想办法降低运营成本，同时想办法拓宽融资渠道，不管是引进合伙人来做，还是分股权、发动内部创业等，都可以探索；最后，更重要的是要在开店的过程中保持平常心，才能在跌宕不定的商海中稳步前行。

江湖“萍”说

这是一位快速冷启动的年轻创业者，在没有行业经验积累，甚至缺乏丰富的社会阅历的情况下，居然在地方品牌竞争激烈的四川市场，从郊区市场把业务做了起来，并且完成了从一个高度向另一个高度的跨越。这真是一个奇迹！

当我们仔细研读他的经历，会发现虽然他的年纪尚轻，做事却极具条理性，不论是战略规划还是战术执行，都把细节发挥到了极致。我觉得以下两点尤其值得大家学习。

第一点，李良壤的自律与自我驱动力非常强。他多次强调对增长的重视，认为“增长可以慢一点，但不能下滑”。这种目标驱动对自身来说是一种自我施压，逼着自己想办法解决增长问题，所以他一直在学习与探索业务的发展。同时，这也是团队精神、团队学习能力的一种推动。

正是在这种驱动下，他才能围绕增长建立起一套内外兼修的运营体系：对内推动标杆店的打造、组建增长运营部、实施合伙人制度、培养区域操盘手、超额配置员工、多层次的品牌组合；对外拓宽渠道资源，从商场流量到拎包、线上、直播等多渠道矩阵，再到通过免费上门家居保养服务来维护每一位老客户……他并不局限于传统的优势做法，而是不断地拓展新资源。

第二点，李良壤把商场流量挖透，品牌工厂势能用足。每种资源、每个优势都分毫必争，认定“现在不是在市场中争增量，而是在存量里争份额”的理念。李良壤认为老板的核心工作就是资源整合，单打独斗想要做大做强已经不现实了。

我相信这不仅仅是李良壤成功的关键，也是我们家居行业从业者都应该深入解读的经验之谈。

08 13年开店25家，他如何一步步站上事业高峰？

家居英雄

姓名：张鹏飞

来自：河南郑州

他是一位非常有耐力的选手，像家居行业的马拉松长跑者，“努力”和“坚持”是他身上的标签。他克服自身瓶颈，坚持把一个品牌做到极致……正是靠着这股韧劲和耐力，普通设计师出身的他，在郑州将木门生意做得风生水起。

故事前情

他写得一手好书法，修得一手好照片。一张随手拍的照片到了他的手里，不出十分钟就能变成一张精美的产品图。

大学毕业后，仅用16个月的时间，他就成了当地知名装企的设计分部经理。四年后，他选择创业，之后投入十年时间专注木门生意。凭借着渠道资源与营销的优势，他快速在木门市场强势崛起，牢牢占据TATA木门渠道里前三强的位置。

这是TATA木门郑州经销商张鹏飞的经历。在创业过程中，他一直在努力让自己与团队变得更强，以适应市场环境带来的竞争与变化。

在总结成功因素时，他给出了以下五点经验：

1.十年前的市场好，抓住了机会；

2.上班时训练了扎实的基础能力，正好匹配后来的木门业务；

3.选对了品牌与产品；

4.培养了一批人；

5.不断学习进步，不断迭代。

高手过招

机会来临，该出手时就出手

（一）看准趋势，果断投资

张鹏飞经销生涯的起步，要从2007年说起。那时的他注意到家居市场正在悄然发生变化——成品套装逐渐取代工地现场做门。看到机会的张鹏飞马上来到了建材市场寻找合作品牌。几经周折，他走进TATA木门，经过三个小时的沟通后，他决定代理TATA。他与自己的发小联手，筹款约13万元，开启了TATA木门郑州首店。

这个选择是他抓住市场机遇的开始，也是他后续业绩实现的基石。TATA强大的产品力与品牌力，给经销商带来了广阔的施展空间。

（二）接连开店，把握先机

与普通经销商逐步扩张的做法不同，张鹏飞在第一家店仅运营三个月，尚未盈利之时便开了第二家店，他这样做的理由依旧是——抓机遇。

那一年红星美凯龙在成都、重庆等地打造了全新的第七代店面，组织郑州商户考察参观，一向勤快的张鹏飞也随之前往。在现场，他便再一次有了对趋势的预判：这样的商场一定会对消费者的胃口，成为未来市场的主流，要做就要做第一个，要争得先机！

返回郑州后，张鹏飞丝毫没有犹豫，一门心思只想将这件事做好，立即确定开启自己的第二家店。后来的事实证明他的想法没有错，第二家店在他的努力运营下业绩表现优异，当年就实现了可观收益。

在随后数年里，张鹏飞也保持着“有商场，必入场”的势头，影响他入场的因素只有两点：一是看前景，二是看区位。

看前景并不是只看初期营利，而是去预测长期市场前景并判断店面是否该开。看区位主要是看区位中是否有商圈加持。在张鹏飞看来，生意是一个大局，不可能每个店都盈利，如果一个店在商场中的广告价值超过了亏损价值，那么也是值得的。

在不断地坚持与努力中，2021年张鹏飞的商业版图已经遍及整个郑州。在各大规模商场中，都有两个店铺，实行单品双店运营模式，总计多达25家店，其中直营店占比达到了80%。这样的坚持与努力不仅体现在他的商业生涯中，也体现在他的成长中。

努力成长，一路持续变强才是高手

张鹏飞能有今天的成就，凭借的不仅是敏锐的市场直觉，还有将直觉落地的坚持和努力。张鹏飞始终认为：凡事做到最强，才能迎接曙光。而他过去的人生岁月，也是这样一步步走过来的。

（一）面对自己，努力克服瑕疵

如今的张鹏飞能言善辩，但其实早些年他并非如此，年轻时他存在着语言障碍——口吃。

这曾经导致他入职两个月却一直没有签单，窘迫的局面促使他下定决心改变。于是，张鹏飞参加了100多场培训，先听别人讲，再回家自己练。他从不放弃在任何一个公共场合讲话的机会，坚持纠正语言障碍，靠着自己的努力竟然完全改掉了口吃的毛病。

（二）面对工作，只用业绩说话

张鹏飞心里始终抱着“一定要做强”的坚定信念，入职第三个月业绩开始飙升，很快拿下所就职公司销售冠军的宝座；十个月后，成了部长，管理着30多名设计师。

四年多的设计师经历中，他从未松懈，不仅锻炼出了非常强的设计与签单能力，也依靠自己踏实可靠的人品积累了大量行业内设计师资源，为日后的创业之路提供了很大助力。

（三）面对事业，要做就做最强

创业的过程中，张鹏飞更是时刻铭记自己的做强理念。创业初期，没有强大的团队，自己就要成为最好的销售。他跑业务、做销售，测量、安装、送货，全部亲力亲为，签单量占到了全公司的40%左右。同时，这种“坚持努力，做到最强”的理念也融入了他对企业的业绩目标中，在参加TATA第一次经销商会议时，张鹏飞就给自己定了“勇争第一”的目标，并且持续为之付出努力。

营销多点开花，创造高速增长业绩

十几年里，张鹏飞一直在随时代形势而创新营销策略，他采取的方式是“一点发力，多点开花”。

（一）初入商海，以传统纸媒模式宣传

生意刚起步时，张鹏飞的主要策略是靠人海战术加大宣传力度，不怕风吹日晒，用最简单的做法——发单页。但即使这么一个简单动作，也力求做到最好。

1. 家装会，重点发

郑州每年春秋举办的家装展会有四场之多，张鹏飞用宣传单获取众多消费者的认知度。

2. 多地点，大量发

宣传单的效果与派发量是成正比的，张鹏飞亲自带人派发，小区以及其他客户密集的场所，都有他们的身影。

3. 有计划，组合发

张鹏飞会将活动单页与品牌折页组合，让消费者对活动与品牌都有更清晰的了解。

（二）渠道推广，得益于多年人脉积累

渠道推广，也就是设计师资源，这是张鹏飞一直非常重视的。受益于早年的设计师职业经历和他本人努力真诚的性格，张鹏飞结交了大量的设计师朋友。

他陆陆续续同60多名设计师达成合作。他代理的TATA不论是产品，

还是店面装修，都对设计师有很大吸引力，双方的品位都能得到很好展示。此外，TATA提供的五年质保，相较于其他品牌的一年质保，也让消费者买得放心，让设计师合作安心。

（三）品牌联盟，营销推广的全新局面

最初，张鹏飞的业绩并不是特别出色。直到2009年，他发现了外省的品牌联盟活动这一新颖的形式。那次的品牌联盟活动现场声势浩大，人数多达1 200人，签单火爆。他依靠敏锐的市场嗅觉，认定这是下一个趋势。返回郑州后，他立马开始组织联盟活动。

他带头打造了领袖家居联盟，成员包括众多知名品牌。在联盟运营中，张鹏飞的多个“快中有稳”的举措值得借鉴。

1. 主动承担

有的成员愿意出钱不愿意出力，但张鹏飞既出钱又出力，不计得失、拼尽全力推动整个联盟的发展。

2. 建立机制

为了联盟活动有序进行，张鹏飞清楚梳理活动主题、活动形式、绩效奖励机制、推广方式等。同时，设定活动的相关负责人员。

3. 惩罚机制

以每次活动前制定的销售任务和实际的销售数量作为考核标准，业绩未达标会有罚款，前三名则会有奖励。

4. 月会配合

配合“月会”制度，每个月所有员工聚在一起，发奖、戴红花等，联盟月会对品牌的帮助很大。

此后多年的操盘过程中，张鹏飞不断探寻品牌联盟的新鲜动力：联

合更多单品类里的龙头品牌，发起“国潮王牌”联盟，在原有的活动基础上进行创新；组织“王牌聚惠、唱响中原”的痛仰音乐节；按地域划分成九大军团，让联盟有坚持前行的活力，还给消费者带来了别致的消费体验。

（四）省购联购，将营销铺满全年

品牌联盟之后，张鹏飞又发起了省购和联购，他带领河南各地TATA经销商到郑州做省购。同时，还提前规划好一年的营销布局，一年两次省购，三次联购，再加上“3·15”、五一、十一、元旦，以及品牌周年庆、郑州公司周年庆，形成11场活动，铺满全年，给消费者营造下单理由。

（五）异业合作，与他人合作共赢

除品牌之间的联盟营销之外，张鹏飞也会推动导购人员之间的异业合作，而且收益已经占到了整体的10%左右。以导购为主体，建立自己的合作朋友圈，与其他商户的导购建立合作关系，相互带单，这样更能给客户带来一站式购物的便利和优惠。

（六）多渠运营，搭建多媒体宣发矩阵

随着互联网的快速发展，张鹏飞也越来越看重多渠道运营。在郑州，张鹏飞重视小区社群、QQ群、论坛等渠道引流，同时总部的电商派单也让张鹏飞的网络获客占到了10%。张鹏飞专门组建了网络销售部，对接总部派单及线上客户。

（七）工程渠道，批量订单的全新未来

伴随精装房配套率的上升，张鹏飞还布局了工程渠道。从目前的营销体系看，工程占比30%左右，零售占70%左右。在多种营销模式下，门店自然流量占30%、渠道获客占30%、网络获客占10%、老客户占20%、异业大概占10%，多渠道布局让品牌获得了良性循环。

管理多轨并行，培养高素质团队

这些年来，张鹏飞把所有的精力都放在了经营中，除营销推广之外，还重点探索企业内部管理中能够助力企业业绩腾飞的有效方法。

（一）三种方法，实现门店成交率的稳步提升

张鹏飞的盈利结构中，门店自然客流转化占比不小，这与他长久以来所坚持的门店管理方法是分不开的。

1. 店面体验

门店两年一次小翻新，三年一次大翻新，始终保证形象跟上时代发展，增强客户体验感，让客户愿意多停留，给品牌与顾客更多相互接触的机会。

2. 团队状态

为了激发员工发自内心去努力的态度，张鹏飞很重视团建活动。带领团队登山，夏登嵩山，冬登太行，在坚持攀登中释放压力，提振士气。

3. 技能提升

技能是一切服务的根本。首先，张鹏飞要求所有员工都要结合销售流程经过严格培训后上岗；其次，内部举行销售技能PK大赛促进提升；最后，不定期展开总结，挖掘业绩优秀的骨干人员，促进团队共同进步。

（二）四大亮点举措，促进老客户再次光顾

那些在各自领域内居于头部的大商都非常重视老客户的服务与运营，进而实现较高的转介绍与复购。张鹏飞的四大措施很有亮点。

1. 服务做到让客户非常满意

张鹏飞要求员工的服务标准不是满意，而是非常满意，并且作为唯一标准坚持推行。每次服务后都会邀请客户填写评价表，售后会通过回访，对服务质量进行抽查并听取客户的反馈。

2. 安装做到 5S 安装标准

张鹏飞打造了一套从客户沟通、下单到送装的完整服务体系。从前期环节的方案设计、方案讲解，到安装环节的地面成品保护、看板区域划分等，都制定了详尽的标准，并对每一个环节按照标准执行。同时，服务体系也在不断修正，不断升级迭代，成为公司的核心竞争力。

3. 关怀做到员工细节之中

在服务至上的时代中，安装师傅不仅技术水平要高，服务态度还要好。公司专门提供了关怀与激励措施：如为安装师傅提供饮用水、配备护膝等用品。当公司用贴心的细节服务员工，员工自然会发自内心地把工作做到极致。

4. 服务做到潜在群体之内

三年前张鹏飞针对早些年“有售出，无售后”的客户，持续实施了一项公益活动举措——“领养木门孤儿”活动。他们到老旧小区免费维修木门，可人工修复的就免费修复，需要修复材料的，则适当收取一定费用。他们已经做了40多期，反响很好，让别人的老客户成了自己的新客户。

（三）能收能放，夯实打硬仗团队的强悍实力

张鹏飞深知，不论是店面形象的管理，还是客户满意度的打造，均离不开团队的力量。

1. 用心投入，打造精悍的善战之师

从第三家店开始，张鹏飞就开始弱化自己的销售参与，转而培养团队与体系的能力。他把资源转化给团队，由团队去完成。制定了四大人才体系政策。

（1）内部培养骨干

团队的骨干成员，普遍是从内部培养起来的。

（2）留住骨干成员

张鹏飞非常重视骨干成员的留存，他认为，企业有发展、收入有增加、领导有魅力，将心比心，以心换心，员工是没有理由离开的。

（3）发放员工纪念

工作一年的员工会有银质纪念币，工作三年的员工会有玉制开元竹节，工作五年的员工会有白金戒指，为员工打造工作中的仪式感。

（4）设立孝敬基金

张鹏飞对于员工的关怀更是延伸到了员工的父母，根据每个员工不

同的工龄为其设立了不同金额的孝敬基金：工龄满13个月的员工父母每月会收到200元；工龄满六年的员工父母每月会收到600元；凡是工龄满五年的员工，父母都会被要求参加年会，安排专人接待，赠送礼物；每个月的销售冠军，在奖励个人之外还会为其父母挑选一件家电，并送到家中。

2. 退居二线，团队殊荣亦不减色

随着公司的不断发展，张鹏飞对于团队的管理也有了转变。最重要的转变就是，从最开始战场必亲赴，变成了逐渐放手。

张鹏飞决定从千里马的角色向伯乐转变，发挥团队里每个人的价值。于是，他从总经理的位置退居二线，让合伙人带队。常年打下的良好基础加之全新的管理环境让郑州TATA又创造了一类城市增长率第一名、服务满意度第一名、工程第一名的佳绩殊荣。

十多年的时间里，张鹏飞一直在培养人才、打造团队。在他的努力与坚持下，企业内五年以上的员工超过60名，这在销售领域中可以说是非常难得的。时至今日，公司员工达到300多人，由售前、售中、售后构成，成为公司发展的中坚力量。

初心不改，无畏险阻一路奔向未来

面对未来，张鹏飞有自己敏锐的感知，在他看来，发展就是最好的防守。但是对于起步期的经销商来说，在追赶趋势的同时，首先要努力将自身做强，才有实力迎接变化；坚持将已有的事业做好，才能谋求发展。

"努力与坚持"的方式虽然不是什么奇招，但却是张鹏飞用十余年时光检验出的至真之理。在未来的岁月中，他依旧会矢志不渝地坚持下去。

江湖"萍"说

一个为梦想而拼搏的奋斗者，其爆发的能量是极其惊人的。

张鹏飞漂亮的成绩单，既来自他以TATA品牌为原点长期深耕郑州市场、成功构筑起强大的系统竞争优势，同时也少不了他付出的远超常人的努力。

在他将公司做大做强的过程中，他突破自我、重视团队、紧跟市场节奏敢于出手、主动学习构筑核心竞争优势。在长达十几年的征程中，他重点塑造了两种内功，一是个人的内功，二是团队的内功，进而驱动事业攀上一座又一座高峰。

1.突破自我，练个人内功。张鹏飞起点不高，自身还面临着表达方面的困难，放到一般人身上，或许早已放弃。但是他锲而不舍，不放弃任何一次在公开场合演讲的机会，参加上百场培训，听别人讲，再自己练，一步步努力至今。这种下苦功夫的劲头，在十几年的创业经历中，时时可见。

他有一个观点：经销商要想成功，必须把自己练到最强。是的，很多成功的创业者，往往具备至少一种最强的能力。

2.把团队内功练到最强。与很多经销商有所区别的是，张鹏飞很早就开始刻意退居二线，主动把自己的资源转移给团队，通过内部培养与激励——设立孝敬基金、颁发员工纪念币等多种方式，凝聚骨干成员。他以个人魅力带领团队、引领团队、管理团队。

3.紧跟市场变化。对市场机会的敏锐把握，并及时行动，这是成功企业家的能力标配。张鹏飞认为，做事业要看大账，只要看准了，就要行动。这一点在他多起战略布局中得到体现，比如紧跟核心商场的步伐连续开店，并且在每个阶段的营销布局上，都快速跟进主流趋势。从发传单、联盟营销、省购，到推行“非常满意”的服务标准、5S安装服务、师傅关怀、提高门店成交率等，总能抓住每个时期最有效的办法，助推事业腾飞。

09 高速扩张的典型代表，从 13 店到 74 店，仅用两年！

家居英雄

姓名：张　强

来自：浙江杭州

这是一位品牌工厂的销售大将转型成为一方经销商的成长故事。扎实的职业功底加上与老东家血脉相连的职业经历，双方合力创造了一场轰轰烈烈的开店奇迹。这场战役是经销商与品牌工厂深度合作开拓市场的经典之作。

故事前情

“我一年里几乎不休息，巡店、策划活动、跟异业增进关系，等等。”在跟芝华仕杭州经销商张强的交流中，他这样告诉我们，自己一年到头忙得不亦乐乎。我们感受到他的意气风发与斗志昂扬，尤其是他展现出的缜密谋略、对未来的清晰规划，会让身边的人深受感染，并为之振奋。

这段高增长的经历要从2019年说起。那年，张强接手芝华仕杭州区域的代理权，之后又进入嘉兴、绍兴、丽水等市场，仅用两年时间，他的门店从此前的13家扩展到74家，提货额也实现数倍的增长。放眼当前的家居建材产业，这样的事例真的不多见！

虽然已有一份漂亮的战绩，张强却表现得很谦虚。他一直强调，杭州市场做起来，不是他一个人努力的结果，离不开敏华控股这样强大后盾的支持，也离不开团队的努力及商场的认可，更离不开异业伙伴的帮助。

高手过招

高速扩张的背后故事：10年磨炼操盘手的运营能力

“80后”张强的经历，充分显示了一名创业者纵横市场的睿智与果敢。

2009年，张强进入敏华控股（芝华仕母公司）工作，刚开始在深圳专卖店里做导购员；做了几个月后调回总部，开始做渠道板块的工作；2013年升任大区经理，主管西北五省区以及天津。这个时候，一个机会出现了。

当时，敏华正在推动直营店的转型，将直营店转成经销商接手，而涉及的店面就包括天津。张强决定换一种方式为集团服务，便离职到天津跟当地经销商合伙，接手了敏华的4家专卖店，从工厂大区经理转型成了经销商的合伙人与业务操盘手。

从2013年年底到2015年，张强一直负责天津的床垫业务，从接手时的4家门店，到2015年年底已开到9家门店。另一个合伙人觉得床垫做得不错，便把沙发也交给张强操盘。到2019年9月，张强便一直主管天津芝华仕所有系列产品的运营。

2013—2019年的六年时间里，张强的个人事业伴随着城市的发展蒸蒸日上，成为一名高收入的职业经理人。

一切进行得都很顺利，怎么想到转战杭州呢？原来在很长一段时间里，杭州也是直营的，后来又换了几轮经销商，销量一直没有实现突破。杭州是一个市场容量非常大的新一线城市，工厂自然要深耕。作为芝华仕体系的老员工与骨干力量，张强应约而出。

接手的时候，芝华仕在杭州布局了13家店，加起来经营面积约5 000平方米。经过2020年的布局及2021年的努力，到2021年8月底，经营面积已扩大到27 000平方米，从13家店增长到74家店，增长数倍，覆盖杭州、绍兴、嘉兴、丽水等城市。

张强的步子如何能迈得这么大、这么快？这与他对未来的笃定预判息息相关。

首先，他一直有个做大平台的梦想，以证明自己的实力，突破原来的边界。芝华仕在广州、深圳、重庆、成都等一线城市都做得很好，杭州也一样可以做得很好。

其次，与品牌工厂多年来建立的信任关系，使他具有充足的底气，能够获得全方位的支持。而敏华控股调张强到杭州，也是看中了杭州的市场以及张强个人的能力能够把集团战略、品牌优势发挥出来。

最后，张强坚信软体家具的蓝海很大。沙发、床垫等购买过程需要靠体验来完成，实体店肯定不会缺少客户。同时，经过这些年的摸爬滚打，他已经建立了一支能打硬仗的团队，有底气向前奔跑。

四种做法，驱动业绩增长数倍

果然，张强进驻杭州后，从敏华控股总部获得了力度很大的装修、货品、资金信贷、营销资源等全套支持。

张强自2019年接手店面，到2020年月销售额便实现超100%的增长。

2021年前8个月同比增速也在100%左右。能做到这一点，主要来源于两个方面：一是开店增加了门店数量与面积，扩大了销售阵地，总业绩上去了；二是单店产能实现明显提升，坪效产出快速提升。

在提升坪效产出方面，张强分享了他的四大核心策略。

（一）快速拿下最好的商场、最好的位置，开最大面积的门店

在红星美凯龙，张强的门店每个月都做得很好，因为有好的位置、好的团队，还有不断的推广活动。同时，又参加了各种联合营销活动，几乎占领了每个节点。而且，张强确立了一个目标，假如商场的软体家具月销售额100万元，那芝华仕一定要争取卖20万元，份额占到20%。

目前，芝华仕在杭州进驻了多个商场，每个商场都有一定的流量，占有一定的市场份额，几乎所有店面业绩都不错，深受客户欢迎，增长速度非常快。

（二）充分挖掘自然客流，盯紧三大指标

实现目前的业绩，绝大部分是靠门店的自然客流。像床垫、沙发等家具产品，客户很多时候还是要到店里来挑选和购买。张强主要盯进店数、成交数、客单值三大数据，而且天天抓，周周抓。如接待了10组客户，成交了3组，能不能再多成交一些？可能有人会说，争取吸引20组客户到店，按30%的成交率就会有6组客户。这个扩大进店量的思路，难度其实比提高成交率更大。所以，张强的重点是反思流失的客户去了哪里，要找原因，看看自己还有什么没有做好，还能不能做得更好。

（三）充分保障员工收益，激发内心的主动性与活力

张强的公司不会强制要求员工加班，而且为了充分保障员工收益，设置了科学合理的收益分配机制，比如股权激励、提高分红比例等，使员工消极怠工的情况极少出现。为了追求更高业绩，大部分员工非常努力，都会主动提升个人能力，为客户提供优质服务，并在必要情况下主动留下来加班。毕竟，成绩显著的员工，可以获得远超行业水平的收入。

在张强的企业文化中，消费者是第一位，员工是第二位，股东利益放在第三位。

（四）高频次的活动，助推业绩上升

在张强的部署下，每个月都会举办活动。如2020年的国庆节假期，每天邀请一位明星协助宣传产品，连续七天共邀请了七位明星。分布在各个商场的门店，每周都会举办活动，主要集中在联盟、明星、发布会、夜宴、私人定制活动等形式上。

张强认为，目前一些家具品牌在行业里有名，但在消费者中的知名度并不高，毕竟不是高频消费的产品。所以要多做活动、不断发声，增加曝光量。前几强的品牌都在做，就要看谁做得好、做得勤。

高增长的流量从哪里来?

在整个流量来源里，门店依然占据了最核心的位置。但是，流量来源不能局限于门店，张强同时开发异业联盟等流量来源，甚至在小区楼

盘推广上也有所行动。

同时，异业品牌也给芝华仕带来了可观的流量。这得益于张强个人的公关能力，他跟商场、工厂、异业合作伙伴建立了较好的关系。如联盟方面，同TATA、索菲亚、老板电器等都建立有紧密的联盟合作，这些知名品牌在做活动时，都会与芝华仕强强联手。

接触过张强的人，都会说他的情商特别高，交往中表现得很大气。他笑称自己是一种贡献型的性格。举两个例子。一群行业人士因机缘巧合聚到一起吃饭，即使不熟的情况下，张强也会送个单椅作为见面礼；在做明星活动时，往往会把更多的资源拿出来分享给合作伙伴，更多的费用由自己承担。正是由于张强拥有乐于奉献的精神，让更多人愿意与他合作，为他们带单，正所谓“予人玫瑰，手有余香”。

还有一些小细节，也能看出张强在经营上的高情商。他到日本学习时，专门为商场里的保安同事每人买了一个200多元的保温杯，还亲手将保湿杯送给保安同事，让人感到非常温暖。自然，当有顾客咨询品牌时，大家会首推芝华仕。

做活动是获取流量的重要一招，明星、夜宴、私人定制、联盟等高频次上演。两年前只有十几家店的时候，张强采取全城联动的形式；现在店面数量很多，便每周做一次小型活动，每月做一次大型活动。

以明星张信哲的活动为例，九个品牌联盟，启动500多位员工，活动周期15天，共卖出6 000多张会员卡，最后邀请到4 200批客户到场。一场活动下来，所有品牌合计实现几千万元的业绩。有人说，传统打法没用了，事实是有的人依然做得很出彩，因为背后的执行才是核心。

高增长的成交引擎：多种创新手法，提升门店成交率

既然门店成交率是核心，那么该如何提升？

（一）成交思维要转变，提升成交率要比增加进店客户量更容易

一个月4 000批客户进店，成交率每提高1个百分点，就能增加40个订单；提高10个百分点，意味着能增加400个订单。这数量非常可观。但要想将进店客户从4 000批增加到5 000批，则会非常难。

（二）面向客户提供私人定制服务，用专场活动带成交

每周一到周五做私人定制服务，针对VIP客户提供专场接待。制作VR效果图，制作欢迎横幅，由商务车将客户接到店里，提供牛排、咖啡、红酒等食品和饮品，做足仪式感，让客户充分感受到被尊重和被重视。

（三）小型活动不局限于人数

小型活动，不在于到场人数的多少。比如办夜宴活动，哪怕只邀请到了3批客户，但只要成交率达到70%，就是两单；如果邀请到了10批客户，成交率达到50%，就是五单。这便非常不错了。如果邀请客户一次不来，那就邀请两次、三次，把诚意做足。

（四）制作 VR 效果图，提升客户购物体验

做软体家具的经销商，能够给客户提供设计效果图的不多，但张强把这项服务做成了标配。他在每个店都配备了设计师，每天为客户

做图。还专门聘任了设计经理，由他来招聘、培训与管理设计师。张强要求门店至少要为50%的客户提供VR效果图，未来将向每一位顾客提供。

（五）店面大，有说服力

在多家商场里，张强开的都是大店。店面大，展示的产品全面，可以充分模拟真实的居家生活场景，不仅能够带给客户更好的体验，还是实力的背书。张强认为，如果想做到商场营业额的20%，但店面的面积都没达到商场的20%，又有何理由能够做到20%的生意。

（六）组织大团队，助力销售人员快速上手

商场里开2 000平方米的店，月租金20万元。组建20个人的团队，一个人销售10万元，一个月就能销售200万元；如果店面600平方米，租金6万元，组建五六个人的销售团队，月销售额要做到200万元，人均销售额就要达到40万元，则会很难。但是人均销售10万元是不难的，这样就打开了招聘瓶颈，招进来的人只要稍加培养，就可能做到。

（七）找出流失客户的原因

没有成交的客户，到哪里去了？销售人员与店长都要一起找原因。有没有为客户做设计方案？有没有加微信？有没有定期回访？

为了做好客户服务与成交，张强制定了一整套管理表格来规范汇报标准，督促这些方法落地。

张强认为，持续提升服务、设计、活动等环节，把精细化管理做得更好，从咖啡、点心、水果等现场体验细节入手，就有可能把成交率

再提高10个百分点，向30%、40%靠近，那就意味着业绩可以再增长一大截。

高增长的团队驱动：一支能打硬仗的队伍

与店面的高速扩张同步，张强也在大刀阔斧地建设团队。

截至2021年8月，张强已拥有74家门店，销售人员共180多人，加上后台支持的员工，总计220人，整个组织架构与机制都已经非常完善。

（一）组织架构设计

分前后端两条线。在前端，张强针对每个系列都安排品牌经理，每家商场有商场经理，每家店有店长；在后端，设有财务板块、商品管理、市场营销推广等部门。其中，市场部门协助各个门店的营销落地，大小活动都有不同的协助支持方式。张强自己主抓人力资源，负责招聘、培训与管理等事宜。

（二）企业文化

“开心、赚钱、感恩、分享、发展”，这几个关键词，构成了张强公司的企业文化。具体来说就是，员工要在公司里赚得到钱，带给家庭更好的生活；个人要有发展，有提升空间，店员可能成长为店长、经理、区域总经理，而店长及以上级别的员工，可以成为公司股东；感恩，则是首先感恩客户，然后是感恩商场、工厂与合作伙伴；分享，则是公司会把收益更多地分享给团队。

张强认为公司需要先给员工提供足够的回报，他们才更有动力向上奋斗，创造更好的业绩。

（三）高收入 + 合伙制

近年来，张强在公司里推行合伙制，各个部门的员工都可以加入，只需要投入几万元的入股资金。公司里的员工收入都相当不错，当初接手芝华仕的时候有一支团队，到现在只有两个人离职，离职率非常低。

（四）严格考核

每个店都有指标，根据盈亏平衡线划定标准。一般以租金的六七倍设定目标，比如租金是10万元，那么业绩目标是六七十万元。一旦低于盈亏平衡线，就要及时调整。

新员工进入公司后，先进行培训，培训合格后上岗领任务：一个月10万元的销售额，接待60批客户，实现30%的成交。完成任务后，会有不错的奖金。没有完成任务，会有两个月的缓冲期。因此，新招人员存在一定的淘汰率，其中也有主动放弃的，最后留下来的都是能手。

（五）帮扶与激励

在提升、振奋团队工作热情方面，张强想了很多办法，他借助培训、团建、旅游、学习等多种方式，帮助团队释放压力。团队完成指标后，以商场为单位及时提供奖励。每家商场的经理有奖金、有股权，他们也会拿出一些费用做激励。

此外，张强还经常为全员做培训。毕竟他在芝华仕工作多年，对产品、活动等都非常了解。

整个团队在核心团队、激励机制的带动下，都非常积极向上。你争我赶，大部分商场的业绩都表现得不错，也相对均衡。

天时、地利、人和，助推张强一路高歌猛进

可能有人会有疑惑，大刀阔斧地布局、漂亮的高速增长数据，肯定离不开高投入，张强的资金来自哪里？是自己多年积累的创业资本，还是有其他运营手法？张强给出了一个答案：天时、地利、人和。

天时，就是软体家具行业的增长，以及芝华仕本身强大的品牌效应；地利，则是杭州市场的广阔前景；而人和，来自芝华仕母公司敏华控股的资金信贷支持以及张强此前数年的操盘积累。

当然，还有张强本身的经营能力。在快速布局的过程中，他既能快速组建起高效能的团队，又能推动业绩持续增长，进而实现了整个布局的良性循环。

那么，在完成当前布局的基础上，接下来他又将如何做？张强表示，未来他的业务版图要覆盖整个浙江。

他将从以下三个方面入手：一是推行股份制，提高商场单元的自主经营权。比如，商场经理+品牌经理的股份要占到店面的20%，以激发团队的活力，全力提升经营品质。二是重点提升杭州的市场份额，继续扩大体量，提升品牌价值。今年要做到芝华仕体系里的全国前八名，进一步获得集团的更多支持。三是深耕杭州的乡镇地区及周边城市，发展分销商，增加规模与盈利能力。

江湖“萍”说

这又是一位经验丰富的家居职业经理人跳出职场后做经销商的故事。他怀有大干一番的雄心壮志，且一直做老东家的品牌，经营风格大刀阔斧，最终取得了良好的销售业绩。追求高增长的创业者，从张强的经历与策略里，相信可以看到很多有价值的信息。

张强的经历再次告诉我们，条条大路通罗马。从职业经理人转为创业者，不失为一条很好的路径。身为公司职员，便扎扎实实地把工作干漂亮，真正具备在公司独当一面的能力；身为创业者，便认认真真管理公司，用心提升公司业绩，兼顾公司和员工的利益。

张强只用了一年多时间，月销售额实现超100%的增长，店面数量翻了几倍。这种高增长背后的逻辑并不简单，他不是一个人战斗，而是凭借多年来跟品牌工厂的友好关系，获得了工厂的全力支持。同时，他还匹配了一套高增长的系统经营方法，在团队、流量、成交等环节都建立起强大的竞争力。

他非常清楚自己的核心工作是什么。对于自然客流量，他盯进店数、成交数、客单值三大指标；对于团队，他从企业文化、组织架构、收入水平、合伙制、帮扶与奖惩、员工权益等入手，带出了打硬仗的队伍；针对流量，他推行高频次的营销活动，不断发声增加曝光，并主张为进店的自然客户提供最好的服务；针对成交，他愿意为客户提供VIP专场、私人定制、VR效果图等服务……每条经营线索都非常清晰且落地有声，于是实现了公司的良性运转。

张强的增长曲线还在持续延伸。在目前的家具市场上，像他一样旋风般进攻的经销商，是家居产业头部之战的缩影，也是一流创业者的典型代表。苏格拉底曾说："世上最快乐的事，莫过于为理想而奋斗。"而他正奔跑于为梦想而奋斗的路上。

10 一扇高端防盗安全门，一年服务上万客户，单小区覆盖率超过60%，长沙大商做对了什么？

家居英雄

姓名：卢　飞

来自：湖南长沙

他15年专注防盗安全门，硬是在这个小品类里开辟出一片新天地，蹚出了一条成功之路。从杂牌到名品，从多品类到聚焦防盗门，从建材市场混搭销售到专卖店专营，从单打独斗到复制经验带领大量合伙人一起干，卢飞的打法不一般。

故事前情

防盗门能做零售市场吗？传统印象里是很难，甚至可以说是非常难。因此，大多数都是以工程项目为主。但卢飞给我们的答案是，不仅可以，甚至在某些高端社区能达到60%的覆盖率。

卢飞，德盾防盗门长沙经销商，并且负责管理德盾湖南省的渠道体系。15年的打拼，从县区级市场出发，这位创业者完成了防盗门零售市场的拓荒，成功在全省建立起由上百家经销商组成的销售网络，为防盗门零售业务提供了非常有价值的样本。而他在分销网络运营、小区营销、老客户服务等具体经营环节的做法，同样能给我们有益的指导。

有人说他内心洒脱如令狐冲，向往江湖的快意人生，创业豪情却如乔峰，机会来临时敢毫不犹豫地出手。他每天连轴转，但几乎看不到疲态。随意说起一个话题，他都能侃侃而谈，闪光的眸子下，暗涌着永无止境的创业激情。

高手过招

专注防盗门，卢飞告诉你坚持的力量有多强大

卢飞，2003年接触防盗门行业，刚开始在永康的工厂做学徒，后来学习营销。2005年，他到舅舅的工厂里负责销售业务。

很快，卢飞迎来了一个契机。他在湖南谈了一个经销商，虽没有成功合作，却让他发现湖南的市场机会，于是带着妻子、弟弟到长沙创业。

起步期，卢飞只有几万元，他借了点钱才将业务启动。当时的创业环境非常艰苦，夏天睡在仓库里没有空调，又闷又热，卢飞要将地面全部泼满水，等凉快一点才能休息。就是在这样的条件下，卢飞一步一步熟悉湖南市场，积累资本与经验。

刚开始经营自家工厂的产品，以性价比为主，靠低价取胜，卢飞认为这不是长远之计，于是开始寻找新机会。2007年，卢飞遇到金和美（德盾防盗门的前身）的董事长卢华升，两人一拍即合，他加入了该公司并负责湖南市场。

此前卢飞采用的是多品类运营策略，涉足品类很广，包括大门、室内门、防盗门、防火门等。接手金和美之后，卢飞逐渐脱离了其他品牌，定位高品质，价位相对要贵30%左右。刚开始很难打开销路，但卢飞没有放弃，他相信产品力，扩大经营面积还开辟了专区，经过三四年的努力逐渐打开了局面。

2014年，工厂采用了全新的工艺技术，推出新品牌德盾防盗门。在这个过程中，经销商经过了大换血，卢飞的事业也起起落落，但他一路坚持，如今获得了不一般的成功。回顾这段经历，卢飞认为至少有四条措施帮助了自己。

一是成功搭建了强大的分销网络，并一直扎根市场一线。

二是足够勤劳，考察优秀产品、做培训，甚至卖货、发传单、找客户、开拓分销点、扫楼、商场截流等，别的老板不愿意亲自做的，卢飞都会亲力亲为，而且要做到最好。

三是不断总结市场经验，分析竞品，突出产品优势。他在QQ空间用写日志的方式倒逼自己做细致的总结。

四是不服输的斗志，看好的赛道，一定要坚持下去。

壮志与毅力是事业的双翼，转型之后，卢飞伴随德盾成功进入起飞通道。2016年开始，德盾凭借创新的高颜值产品引爆了市场。

2017年之前，市场上的防盗门基本上是蓝灰色，或是猪血红，可选择空间很窄，更谈不上设计感。德盾率先做出了改变，引进大量设计师，尝试色彩多元化。2017年推出的青春版系列，工艺、款式、颜色、外形等都有了突破。

新品进入湖南市场之前，行业里的其他厂家与经销商都在观望。然而卢飞却牵头配合工厂在长沙召开新品发布会，现场的设计师们好评连连，产品一上市就引发消费者的追捧。新产品的成功并没有让卢飞安于现状，他展开了更多的探索，开始大力推进专卖店计划、展开小区营销、提升客户服务拉升转介绍率。

主动出击实践新模式，开创防盗门专卖店的先河

早年时，防盗门行业比较尴尬，是以附属品加以销售，普遍体量不大。它的销售方式就是在门店里上样，八扇到十扇样品门，商家还会有铝合金门、木门、衣柜门等，并无专卖店这一说法。一个偶然的机会，让卢飞打破了传统的经营理念。

2015年，长沙新展厅投入使用，这是卢飞在一个小建材市场投入的300平方米店面。然而，董事长卢华升看了觉得不行，说这300平方米的店，还不如在高档卖场里30平方米的店面。

乍听这句话，卢飞觉得很不服气，300平方米的店怎么可能不如30平方米的店？当天晚上，卢飞就睡不着了。说干就干，第二天，他就专门跑到本地最有实力的商场找店，一家一家地寻，终于找到了一家。这家店的位置理想，面积有100多平方米，但租金是建材市场300平方米门店的几倍。

当时这个店已经有人在谈，只是还没签约。卢飞看过之后觉得非常满意，便马上交了定金。从找到这家店洽谈，到付定金，只花了几分钟时间。

这家店开业后，立马迎来了开门红——拆样品时就成交了第一单！这给大家带来了极大鼓舞，后来这家店连续六年都保持业绩增长。也正是如此的出色表现，让卢飞的经营理念发生改变，坚定了他推行专卖店的决心。

行业里的人还在观望，防盗门这么小众的品类，怎么支撑一家专卖店的生存？ 卢飞却看准了，只有把专卖店跑通，才有更大的未来。第一家店成功后，他便在商场里连续开店，2017—2018年，两年时间连开了

九家专卖店，都分布在类似红星美凯龙这样的大商场。时机成熟后，卢飞开始在省内的分销商体系里推行专卖店，要求分销商只经营德盾防盗门的品牌，当地有卖场的，坚决要求进卖场，原因是中高端客户的群体在卖场。

通过长沙的实践，卢飞的团队已经掌握了专卖店运营的成熟经验，如在商场里怎么做活动、引流、成交等。具备了一定的帮扶能力，就能对分销商赋能。新店开业有一个艰难的培育期，通过卢飞湖南团队的帮扶，基本都能够平稳过渡。

2021年，湖南省内95%以上的德盾分销商都开起了专卖店，其他5%也会开专区销售防盗门。专卖店的成功，卢飞总结了六点关键原因。

一是消费市场提供了成长的土壤。消费者对生活品质、门的颜值和质量的要求都在不断提高，越来越多消费者到高端卖场挑选防盗门，为专卖店提供了客流量的支持。同时，客户对防盗门的设计感提出了更高的要求，专卖店能提供更好的体验。二是选择与品牌定位契合度高的商场。三是提前做好人员培训，培养专业的团队。四是发展异业关系，注重联盟引流合作。五是服务一定要好，才有老客户及转介绍。六是产品创新、品质都要在前沿，满足卖场客户的高品质要求。

通过专卖店渠道，卢飞也会重点关注消费群体的特征，如年龄段、大概收入、对装修的偏好等，再向公司反馈，进一步完善产品。

卢飞支持内部创业，如果有员工想接手店面，可以从公司借款投入运营。卢飞本来在长沙开了十几家直营店，后来逐渐转给了店长与骨干导购。长沙的店面只需要集中精力签单，而安装、售后等都由公司负责。目前这些专卖店发展得都相当不错。

重点布局分销网络，把合伙人帮扶做到极致

卢飞既是德盾在长沙区域的经销商，又负责管理湖南省的渠道体系。他的零售战略里，除了在长沙区域开设直营专卖店之处，其他地市县则建立分销网络，发展经销商，而不是自己直接开店。

在分销网络的建设与运营上，卢飞的办法值得所有推行合伙人和分销网络的经销商参考：一是全面推行分销模式，在长沙区域先开直营店，再转型为分销商模式，把店长与骨干员工发展成为合伙人；二是对合作伙伴的帮扶做到极致。他把自己定位成“首席服务员”，认为自己就是做服务的，是所有人的服务者。服务好经销商，经销商再服务好消费者，实现多方共赢。

截至2021年，卢飞在湖南发展的分销商已有100多家，实现了大面积的覆盖。此外，他还对分销商展开了精细化的管理，一是以县城为单位，分成A、B、C三类层级；二是整个湖南，按照湘南、湘北、长沙区域进行划分；三是地级市要求开两家店。

以“直营店+分销商”为核心构成的销售网络背后，是卢飞全力打造的帮扶模式。卢飞培养了几十名得力的骨干，形成市场营销部、落地部、技术部等，对接十几家店，专门负责提供帮扶，涉及活动策划、异业对接、安装师傅培训、店长与导购培训等。

各个分销商或门店需要帮扶，需提前交申请，如活动时间、地点、主题与内容、活动预算、计划达到的效果等，然后双方确认、排档期，卢飞再从长沙派出帮扶团队到场工作。收费一般按订单提成，有成果就收费，没有成果便免费。

为了确保帮扶团队的战斗力，成员既有内部培养，也会从外面招

聘。另外，他还要求新聘人员在长沙的直营店或加盟店做出业绩之后，才能到县市帮扶。

所有营销人员都必须具备签单能力。卢飞针对市场调研、管理等多个岗位制定了严格的标准，确保每位员工都能打硬仗。这些帮扶人员到县市之后，既可以提供导购培训，也可以日常指导门店，还能在门店里卖货签单，用业绩赢得认可。

在帮扶措施上，所有模式都会在长沙的直营店及分销商门店进行测试，检验这条路是否可行，有把握之后再向全省输出。

此外，卢飞还会跟分销商对赌，以推动新措施的落地。如早期时让分销商开专卖店，很多人不愿意开，卢飞就与分销商对赌，提前定好对赌条件，一樘门卖到什么价格、卖到什么数量，才愿意开专卖店。随后，卢飞就会安排一支团队驻扎下来代运营，按照分销商提出的标准努力，直至超标完成。就这样，卢飞用业绩带动了很多分销商主动投入。

卢飞还会通过导购训练营、店长训练营等方式，提升团队竞争力。卢飞很看重学习，他认为“天大地大学习最大”，只要组织培训，各地分销商必须到场学习。学习之后跟进成果，有成绩就退还培训费。此外，卢飞从2018年就推行全省终端运营标准化，如店面形象统一、话术统一等，效果也很好，助推业务实现了爆炸式增长。

未来，针对分销网络的赋能，卢飞作了以下几大计划：一是渠道管理、线上新零售、市场营销、小区、设计师、装修公司等几大板块，在长沙打通，再开放资源；二是进一步细化，营销部从原来的一两个部增加到五六个部，每个部门两个人，提供更有力度的帮扶支持；三是2022年推行点将制，分销商可以指定邀请某个部门帮扶。

除了给分销商帮扶经营，还有很多其他帮助。

一位分销商有三个小孩，生活压力很大，他一直称呼卢飞为“飞哥”。这人喜欢喝酒，一喝酒就容易误事。有次卢飞巡店，发现他又喝酒了，夫妻俩正在闹矛盾。卢飞发火指责他，生意这么差，还好意思喝酒。卢飞怒骂了这个分销商之后，还给他布置了任务，并让他的妻子做好监督，每天要监督完成进度。如果再发现喝酒，一定严惩。在卢飞的密切关注下，这位合作伙伴发生了改变，业绩越来越好，几年后买房买车。全家人对卢飞都很感激，还经常给他寄土特产。

还有一位年纪偏大的分销商，他有个28岁的儿子天天躺在家里玩游戏，总是一副睡不醒的样子。这也难怪，毕竟他的父母已经给他创造了良好的生活条件，房子车子都有了。卢飞就从游戏入手，和他一起玩游戏，然后跟他说道：“你有这么高的起点，还有这么好的平台，却年纪轻轻不去奋斗，你觉得将来跟孩子说，房子、车子与店面都是爷爷的，合适吗？”

卢飞又向他讲述自己的发展史，启发他：“现在这么好的平台，为什么不借此发展一下自己？”几次交谈后，小伙子开窍了，后来成为县城分销商里的八大标杆之一。

说起这些，卢飞很有感触。经营德盾多年，除了成就自己，还成就了很多创业者，这让卢飞觉得很有价值。卢飞坚持的“成就他人”理念，也成就了自己团队的员工。2020年，两位员工买房，六位员工买车。所有的安装师傅，全都是小车代步提供服务。目前，员工的轿车覆盖率已超90%。

他援引了德盾董事长卢华升的观点，要想方设法地提高经销商的投资回报率与员工收入，只要帮助他们越来越好，我们肯定也不会差，这样才会形成良性循环。

年终大保养、三年免费！服务促成老客户贡献40%业绩

卢飞目前的防盗门零售客户中，老客户转介绍占了40%左右。然后是小区营销截流、商场自然流量，还有正在准备布局设计师、线上新零售等。

2020年服务客户数量已达6 000多户，2021年预计有8 000多户。经过多年积累，整个数量非常可观。

40%的老客户转介绍背后，是卢飞坚持的一种观念及一套动作，凭服务打动客户，让消费者产生信任感，愿意主动介绍新客户。再配合一整套动作，把服务落地：在长沙区域，统一送装、标准服务，并赠送三年免费上门维护保养、终身保修；每隔一段时间还会做老客户调研，听取意见，如产品有哪些不足、服务方面有哪些改进之处等。把好经验总结沉淀下来，再输出给其他地方的经销商。

每年的12月到次年1月，卢飞都会组织年终维护大保养，为用户提供上门清洗服务，如门面打光、合页上油、坏损件更换等，还会随手准备小礼品送给客户。这项活动使公司培养了非常好的市场口碑，越来越多的经销商都跟随卢飞的步伐。年终大保养由于投入的人力物力巨大，一般的门店很难支撑，卢飞发动全员参与，成立了30个小分队，每队两个人，划分区域进行服务。

服务效率上的快速响应，也进一步提升了老客户的满意度。卢飞执行两小时响应制，从业主打电话到门店响应，两小时之内必须到位。卢飞在长沙五个区域，安排了专门的售后人员，给予一定的住房补贴，安排他们按片区就近租房，以确保两小时内能够到达现场。

送装服务的质量是非常关键的一环，将直接影响满意度。卢飞建立

配套机制，对每个安装师傅的返修率等数据，都有详细的管理。对安装师傅会评星级，一星到五星；送装完成后会由客户填写调查表，之后还会电话跟踪；要求经销商或店长、销售人员到现场做跟进检查，及时了解客户的反馈，多方面对送装做评价。这些以消费者的满意度为核心的评价标准，牢牢保障了送装服务每个细节与质量。

卢飞喜欢阅读历史类的书籍，他发现古代那些强大的军队，都是动作简单、标准化、凝聚力强。因此，团队成员只要落实全套标准动作，就能拿到七八十分，剩下的就是如何攻打市场。所以，先要组建起这样的队伍与体系，再做优化。目前整个团队60多人，安装师傅与服务人员的占比就超过50%，进而保障了上述服务内容的落实。

小区营销打出防盗门零售新天地

在防盗门营销体系里，小区变得越来越重要。为了推动小区业务的发展，卢飞组建了专门的小区团队，推行小区承包制。由公司专业团队收集小区信息，及时分享到微信群里，再由各个门店、经销商认领；或者由区域经理与经销商联系，商议是否开发某个小区的业务。如果经销商想做，就写申请书，明确目标与计划。

在小区市场的占有率上，卢飞制定了明确的标准，德盾单品牌要占小区换门市场的70%以上。如果达到这个标准，经销商可以免费接下一个小区；如果低于70%，再承包下一个小区时，则需要交纳加盟金与保证金。

一旦经销商承包小区开发，卢飞会派出专门的帮扶团队提供支持，如微信爆破、直播引流、业主资源、异业资源等，全方位支持。

在长沙市，2019年以后的新小区，房价1.5万元/平方米以上的小区，德盾的市场占有率达到60%以上，个别小区已达到90%以上的覆盖。卢飞计划2022年成立十个小区帮扶团队，专门支持其他各地经销商深挖小区业务。

在小区市场开发过程中，涌现了很多优秀的年轻人。其中，一支非常厉害的团队，平均年龄不到20岁，并且他们所负责的门店很小，在市场里也不起眼，但一个月能把业绩冲到105单。这是怎么做到的？主攻小区，这105单中95%都是小区订单！

这支团队的成立，还经历了一段有趣的故事。有位经销商的孩子大专毕业后，一直沉迷于游戏。这让这位经销商非常苦恼，于是他便跟卢飞提及了这件事。卢飞便与这孩子从游戏着手，邀请他做“小区业务”的游戏。

不料，这个年轻人在小区业务上找到了感觉，他还拉了两个同学，整天泡在小区里找客户。一度让他们的父母误认为孩子进入了传销团队，还特意跑过来看他们到底在干什么。卢飞还跟他签了协议，达到一定的成果，就能获得自己想要的东西，如完成500个订单，父母就奖励一辆5系宝马。如果完不成，就有惩罚。年轻人签军令状、拍视频为证，信心满满。卢飞抽出时间专门辅导他们，最终取得了惊人的成绩。于是，这个年轻人又有了更高的目标——成为德盾湖南分公司小区部的部长。

那么，这支年轻的团队又是如何打开小区业务的？除了非常勤奋地联系客户、在小区里拦截客流，更关键的是做好服务细节，如为客户服务时，签单后会发送祝福语；安装现场会鸣放电子礼炮；安装好后将门清洗干净……这些细节带给客户很好的体验，并且客户对于这样努力的年轻人，又会增加好感。随着这支团队的成长，越来越多的年轻人加入进来，努力拼搏，表现优秀。他们的父母为孩子的表现感到欣慰，卢飞也觉得自己的做法非常有价值。

按照卢飞的判断，小区市场大有可为，精装交付的楼盘里，换门比例在20%以上，近年来稳步增长，加上老旧小区换门的潜力市场，整个提升空间还非常大。更重要的是，卢飞的团队竞争优势明显，以长沙为根据地，任何地方做活动，都可以抽调二三十人助力，一般公司很难与之竞争。

江湖“萍”说

采访卢飞时，他时刻挂在脸上的阳光笑容给我留下了非常深刻的印象。一个浙江人在湖南深耕15年，把常人觉得无法做零售的防盗门生意经营得红红火火。在长沙，消费者口口相传，老客户转介绍的业务源源不绝。他的案例值得广大经销商朋友借鉴。

他是一位负责任的带头人，针对新想法，先在长沙做测试，成功之后再到其他地方推行；针对开新店，敢跟分销商对赌，让对方看到业绩后再投入；针对建团队，他想的是自己组建一支帮扶团队，从技术、导购培训到活动策划、执行、落地等，辅导前台分销商与门店，提高合作伙伴的成功率，成就他人，也就成就了自己。

他善于从一线实战中总结经验，进而发现新的打法，再扩大试点、广泛推行，比如率先走出建材市场，尝试在高端家居商场里开专卖店；加码售后服务质量，实现大量老客户的转介绍；聚焦小区营销成功打开精装房换门市场等，举不胜举。

他把老客户服务做出了新高度，比如年终的清洗大保养、三年的上门保养、两小时故障响应等服务在防盗门领域已明显领先于对手，让客户无不交口称赞。当今这个时代，我们卖的不仅仅是高颜值的产品，更是贴心无比的服务。

11 从经理人到经销商老板：10年专注高定赛道，服务万名客户，零投诉！

家居英雄

姓名：韩超东

来自：广东深圳

从普通员工成长为企业高管，再华丽转身成为经销商。十年间，他服务万名客户，实现零投诉佳话！不仅成功打开C端市场，而且建立了“工程+零售”的全新格局。十年创新探索，成绩斐然！

故事前情

十年，在历史的光阴中只是沧海一粟，但是对于一个人、一项事业来说却是一段漫长的历程。它足以让青丝暗生华发，韶华付与时光；也足以让初入社会的小年轻，成为履责担当的职场中坚；甚至让一个默默无闻的人，一步步缔造辉煌。今天我们故事的主人翁，深圳威法的经销商韩超东就是这样。

二十年前，刚刚步入社会的韩超东选择加入威法这家企业，从普通员工一步步晋升为主管市场营销的企业高管。十年前，他转做经销商，在不断地进步与转型中，韩超东不仅夯实了在威法的业务基础，更是带领威法扎根深圳。他为深圳威法破局打开C端市场，并占据了当地高定龙头品牌的江湖地位，建立起“工程+零售”的全新格局，创造了一个战功赫赫的深圳威法。

他一路走来，成绩斐然！十年企业管理的扎实功底，十年经销商之路的创新探索，他是如何走来的，又是如何创造了这样令人瞩目的成绩？让我们走近韩超东，了解他的故事。

高手过招

打造实力团队、调整经营战略，顺利打开市场局面

二十年前找工作时选择威法，是因为韩超东认为威法是一个实力强劲、极具前景的品牌，进入这样一个好的企业就像走上一条正确的赛道，只要用心做就能赢得美好的未来。随着工作经验的不断积累，他开始不满足于做“纸上谈兵”的职业经理人，而是想亲自操盘一个市场，将那些多年来潜心研究的策略经验付诸实践。

2011年，他决定接手当时处于低谷的深圳威法。那时深圳的店面从四家关到只剩两家，销售额总和不足千万。但是在他的十年耕耘之下，深圳威法营收翻了数倍，口碑提升数倍。当被问及最初渡过困境、赢得成功的关键时，韩超东把成绩归结于团队与战略：“一支能打硬仗的团队，加上一个能破局而生的战略，就没有跨不过去的坎。”

（一）优渥的人才政策，由内而外的团队体系

在十年的职业生涯经验中，韩超东深知团队对于企业发展的重要性，于是创业后的第一件事就是塑造团队。而团队的生命力来源，一是精神上的信心士气，二是物质上的经济收入。韩超东以丰富的经验制定了一系列自内而外的人才策略，打造了一支精锐部队。

1. 由内而生——提振团队信心，增加员工收益

团队的强大，首先是员工内心的强大。只有让员工发自内心地去认

同企业目标，认可公司，才能将所有的潜力激发。因此，韩超东从精神与物质两方面来提升员工的认同感。

精神方面：明确团队目标，坚定集体信念。目标与信念是一支队伍的“魂”，韩超东作为带头人就必须把二者明确地转达给每一个人，激发大家发自内心地去改变、去奋斗。韩超东手下员工的凝聚力很强，离职率极低，目前团队中从起步期坚持到如今的老员工就多达十余位。

物质方面：增加员工收入，提升生活品质。韩超东把更多收益分给了团队，而且收益分配比例可以探讨，以实实在在的收入增长将员工稳定下来。

2. 由外而治——实行合伙人制，收益责任同享

韩超东认为能长期留住优秀员工的企业才能获得长足的发展。为了做到这一点，韩超东在五年前对人事管理模式进行了大刀阔斧的改革——推行合伙人制，实现责任下沉。

具体来说，就是每个门店的管理者必须成为合伙人，要求投入资金进店，只要达到业绩目标就可以获得对应分红。在这样利益共享的合伙人模式下，每一个店的业绩、每一次服务的质量、每一位客户的评价，就不再只是公司关注的问题，而成了每个门店、每个人需要全力以赴去解决的问题，整个团队的斗志都被彻底激活。

优秀员工因广阔的空间、统一的信念、丰厚的待遇而愿意留在威法，也将他们长期训练协作下得到的丰富经验、过硬的业务能力、海量的客户资源留在威法，让韩超东的公司实现了“公司为员工创造机会和平台、员工不断成长壮大、提升公司实力强大、公司不断扩张、为员工创造更多机会”的良性循环，开创了深圳高定行业内前所未有的九店齐开的盛大局面。

（二）全新的市场战略，趋利避害的四大调整

在韩超东初入深圳市场之时，虽然有着深厚的运营基础，但是对市场的了解相对薄弱，他结合自己十年过往的工厂营销经验，为深圳威法打造出了一套独有的经营战略。

1. 从消费者实际生活需求出发，提升产品竞争优势

在客户选择产品时，必定会分析同品类产品的优势，所以在销售过程中，要基于用户的生活需求创造出极好的体验空间，让用户对场景产生共鸣，产生购买的欲望。

基于这个理念，韩超东对深圳市场进行了深入研究，如中式烹饪中，切、剁等高强度动作考验橱柜冲击力，油盐酱醋等各种材料考验橱柜收纳能力；再如深圳作为沿海地区，高湿度考验橱柜的防潮、防变形等性能；又如深圳有很多潮汕人、客家人，他们生活习惯的定制化研究……围绕这些，韩超东量身定制出适合每个生活场景的家居产品。

在随后进驻卖场的过程中，韩超东又充分研究卖场客户群体，以及同行业竞品，再结合自身产品优势综合考量，然后再设计展厅场景，并精细化地考虑到客户进店后的每个环节，如客户进店后的动线设计、销售的话术重点等，力求以场景化带动并增强客户体验，从而以差异化的产品与感受，影响客户心智。

2. 从重构价格底层逻辑出发，以产品的价值确定价格

在传统的家居市场中，都是以产品的成本来定价，这样的模式在竞争中往往会走入降价格、降品质的恶性内卷中。但对于家居产品来讲，产品在基本使用价值的基础上，还在人们的生活中起到了许多附加价值，比如便利感、舒适感、品质感等。

因此，韩超东突破了以往的经验，以附加值来提高产品的价值。比

如在标配的五金之外，增加更多的功能性设计；在产品基础上增加更多的服务内容；在交付上创造更多惊喜，做与客户达成共识、让客户认可的附加值，客户从而愿意为产品所带来的价值埋单。

3. 从品牌的全盘形象出发，重产品更重服务

韩超东从业多年发现，消费者越来越注重品牌和服务，尤其是在高端定制业务中。在保证客户良好口碑、树立品牌良好形象的基础上，更要着力深耕品牌服务，才能获得消费者发自内心的认可与青睐。

韩超东采取了一系列措施去推进品牌服务。如在新冠肺炎疫情初期，口罩采购困难，韩超东便通过自己的渠道为客户送口罩；再如新冠肺炎疫情期间，许多客户的保姆不在家，韩超东就及时为遇到洗碗问题的客户推出加装洗碗机服务，且只收取洗碗机的费用。

正是这样周全的服务，才使深圳威法树立了极高的客户评价并获得了客户深厚的信任。客户基于良好的印象会提出新的购买需求。另外，在入户服务过程中挖掘新的增值服务机会，也让公司获得了持续不断的发展。

4. 从传统的销售渠道中出走，挖掘全新销售渠道

单一渠道销售在多变的市场环境中已经不再适用。意识到这一点的韩超东立即带领团队投入行动，把拓宽渠道业务当成一大重点。他开启对装修公司、设计师渠道等资源的挖掘，与众多别墅大宅设计师建立合作关系，联合服务客户，进一步打开了局面。

建立高定思维、严格服务体系，缔造10年零投诉的佳话

在十年高定业务的探索中，韩超东发现客户对高定的评价并没有一个量化的标准，最终的评价完全取决于对效果图与实际落地情况的对比，以及品牌的响应速度、问题的解决能力等一系列的细节问题。

基于这些经验，韩超东探索出了一套从设计、交付到服务的高定服务体系标准，将“以客户体验为中心”的核心贯彻落地，赢得了客户的高度认可，在深圳成为“10年零投诉”的服务标杆。这种模式也被同行称为“威法模式”，其中包含的11项要点值得很多同行借鉴。

（一）以高级定制为服务思维

一能根据客情客需，完全量身定制；二能保证从接单、设计、交付到售后的高品质服务，例如五年质保，只换不修等；三能在客户提出问题后，始终做到“不争论，先解决”。以极致的细节为客户创造感动，为友好解决实现可能。

（二）以专业团队为服务保障

服务的过程中，从销售、设计、安装到服务，以过硬的技术、完美的协作、默契的配合，协调每一个流程，最终为客户呈现出理想的品质。

（三）以客户体验为售前核心

相较于流量型品牌，威法关注的重点是客户进店的体验、设计、服务等方面。所以在实际执行过程中，不断推敲打磨接待流程、还原客户

的动态体验，提升团队接待与设计能力，通过高品质的接待、高效及时的方案提供、用心的服务等，实现客户的留存。

（四）以客户生活为设计标准

既然是量身定制，就要符合日常的生活需要。所以韩超东要求销售、设计师到现场拍照、登记物件数量、观察生活方式、倾听客户想法，从而按照客户的期望定制，保证为生活而设计。

（五）以主动服务为服务准绳

相较于被动的分享，韩超东推行主动分享订单执行情况政策，通过建立专项服务微信群与公司内部安装系统及时沟通反馈，尽快解决问题。

（六）以严苛审核为设计保障

为了避免一个人思维的不全面性，韩超东在流程中增加了一个后端审核环节，设计师与下单部分工配合，双重审核，避免可能出现的问题。

（七）以多重优势为品质护航

面对安装中可能出现的各种问题，威法都能完美应对：进口板件、国内组装，标准化的库存保障交货时间；色差极小、品控稳定，高标准的品质保障交货效率；深圳销售、就近制造，地缘性的优势保障客户售后；工具全面、配备专业，保障遇到问题能够快速解决。

（八）以标准管理为服务流程

韩超东建立了固定的服务流程以提升整个团队的交付质量，并通过钉钉系统完成整体管理。其中包括多达28条的安装服务流程、工地现场服务流程等，以此促使施工人员之间的配合与努力，最终实现服务标准的统一化。

（九）以实时监控为客户安心

为了让客户方便跟进与监督整个订单的执行情况，深圳威法采用了小程序在线跟踪查看订单、邀请业主到制造基地参观、安装直播摄像头等多种方式，让客户随时随地做到心中有数。

（十）以客户意见为解决方式

对于客户的意见，韩超东有着严格的要求，即只要出现任何问题，无须跟客户争议，公司会出成本费用，先为客户解决问题，再复盘起因。所有客户投诉，都有可能影响门店奖金分红。在这种机制下，各个门店都会竭力快速解决问题，为客户打造良好体验。

（十一）以持续迭代为服务升级

针对问题，深圳威法会不断总结、反思，确定解决方式，并固化下来，完善原有的流程与机制，再培训团队。用完整的迭代升级闭环提升每个人的专业能力，在客户满意度的基础上带给客户新的惊喜点。

韩超东确立的高级定制服务体系，达成了“以客户体验为中心，以客户满意为落脚点”服务业新标杆，驱动着深圳威法一路前行、所向披靡。

多渠道前端引流、布局工程业务，延续傲人佳绩

十年的发展，让韩超东从青年步入中年，也让他经营的深圳威法从一隅小店面做成了业内大体量。古语有云：创业容易，守业难。面对如此傲人的成绩，该如何在多变的市场之中寻求稳步增长？韩超东也走出了一条属于自己的路。

（一）高效引流模式：紧抓核心渠道，实现服务前置

不论对于哪个行业而言，高端定制作为一个细分市场，它的受众面都会相对较窄，这时客源就是决定企业生存与否的“水源”。在过去的传统市场中，高定商家往往把握住“好商场、好位置”就能获得不错的业绩。但是，随着高端消费者在装修经验上的累积成熟，再加之客源分流严重这一形势驱使，让即使有着“好商场、好位置”的品牌也面临着很大的挑战。

面对这一趋势，韩超东对市场进行了深入的研究。在客流来源的分析中显示：自然进店顾客约占30%，老客户约占30%，合作伙伴推荐、精装房拎包入住配套等占据了剩余的40%。这就意味着良好的口碑、精良的案例、和客户关系的维系，是消费者选择品牌的重要考量目标。所以，韩超东做出了市场引流的重要战略：营销前置化、多元化。也就是要多举并用，到客户消费前阶段做引流、做服务，在门店内做接待、做体验。

1. 深入细分人群圈层活动，从中寻找潜在客户，由点到面地提升品牌影响力

如带领品牌在聚集了大量高净值人群的高尔夫球、滑雪、皮划艇、潜水等项目中出现，让客户与设计师在业务之外交流，潜移默化地推动

每一个项目群体去了解威法，同时在进一步的情感共鸣中，推动威法在这个圈层内的知名度。

2. 植入楼盘推广，直击潜在市场，迅速抓取有效客户

在楼盘的交付现场中，一定会聚集大量新业主、新住户。这是一个非常精准的垂直市场。因此，韩超东会带领威法植入这一场景中。而且不同于普通同行的“团购”，深圳威法采用的是业主分享会的形式，在会上分享真实的案例产品、客户的反馈等，凸显年轻业主更为重视的品牌品质感。

3. 利用互联网红利，打造线上引流方式，扩大二次宣传效果

韩超东带领威法迅速把握信息风向，打造以大众点评、小红书等平台为重点的多媒体推广矩阵。针对这些平台中女性用户比重大的特点，以周全贴心的服务、颜值品质兼具的产品来提升她们的满意度，促使她们能回到平台上分享服务体验、使用体验等，完成品牌的二次推广传播。

4. 重视老客户服务，达成传播与复购

近几年中，深圳威法每年服务超过500组客户，通过不断地复购与传播，老客户已达数千人。而对于这些高端客户而言，能促使他们去介绍的绝非威法的礼品，而是威法的品质。

“不论在哪一种形式，品牌传播的核心永远都是品质和服务。”韩超东正是基于对这一点的坚持，不仅让威法做到了“10年零投诉”，更是达到了30%的老客户转介绍贡献值。

（二）敏锐洞悉市场：布局工程业务，提供精装配套

韩超东发现目前的新楼盘普遍都是精装房交付，而年轻的消费者也

越来越倾向于“拎包入住”这一便捷的居住模式。他察觉到这样的模式会促使定制家居市场发生新的变化。

在洞悉到这一风向后，韩超东迅速布局了全新的工程业务，接手了众多豪宅的精装配套、样板房打造等工程；同时跟同档次的异业品牌合作，比如与家具、沙发等行业品牌联合开发新楼盘，用批量精装的需求打开了一个全新的市场。

在这一局势下，传统的经营方式与策略也必须随之作出相应改变。如在产品方面，要从柜体类定制转型到全案的定制，而且要考虑全屋柜体与软体家具的完美融合；再如在执行方面，要根据楼盘情况与店面优势的双重考量，匹配不同的服务门店，以此来达到快速实现体验空间，同时解决门店流量等多重问题。

想要实现这一点并不容易，韩超东也为此付出了很多努力。

首先，想要成为高端客户的选择，就要打造能够赢得认可的品牌调性。这一点，威法用十年的时光在高定领域深耕细作，已经缔造了较高的影响力。

其次，要有极具格调的有效传播途径。威法通过设计分享会来实现，在门店下午茶中邀请感兴趣的业主，对他们的户型、软装、设计等进行分享和讨论，既扩大了威法与客户的交流，也建立了客户与客户之间的联络。

最后，针对顶尖客户群体，韩超东会打造米其林主厨供餐的高端私宴活动。以文化、艺术等主题开展，明星巨商的同款团队在其间潜移默化地传达品牌的信息，仅在最后提及一些略表诚意的折扣，以保证品牌的高端调性。

在整个过程中，韩超东从不吝于为客户投入，一切的目标都是在为业主提供平台而分享交流。将利他的前提做好，才能获得利己的收获。

十年芳华已过，接下来的十年要如何把握？

日月更替，斗转星移，在时代的更迭之间，家居行业也在经历巨变。韩超东知道，要创造更好的成绩并不简单。在未来的时光中，如何在精装房配套领域中扩大规模，如何在日益缩减的新房市场中转向二手房装修改造市场，如何在现有版图之中实现软体、软装、全案设计等业务布局，如何为消费者实现更加全面舒适的极致消费体验……

对于韩超东来说，这一切既是机遇，也是挑战。十年从业和十年经销的职业生涯，已经让他积累了深厚的行业经验，扎实的功底让他对市场有了更为准确的判断和更为迅速的反应。

例如，他深切地感悟到，对于经销商自身来说，提升自身的服务能力首先要做到的就是转变自身的观念，要从“卖东西的经销商”的思维，转化为“卖技术的服务商”，摆脱“销货渠道”这个定位，以此来提升自己的品牌价值。

再如，他在明确了经销商是在终端直接接触消费者的第一道门，比品牌工厂更懂市场，比品牌工厂更能为消费者提供独树一帜的服务的身份定位后，他着力提升服务能力，以求塑造品牌效应与口碑效应，在市场中树立坚实可靠的形象，从而巩固品牌形象。

思路清晰的韩超东，成为家居行业里有影响力的技术服务商，指日可待。

江湖"萍"说

从职业经理人转型做经销商，韩超东用十年时间交出了一份高定家居的漂亮答卷。更令人欣喜的是，他用自己的经历与经验，给出了在一线城市运营高端品牌、服务高收入客群的完整范本。

很多人会被他"10年零投诉"的战绩所吸引，其实更有价值的是这份战绩背后的高定服务逻辑。从思维、观念、团队、售前、设计、主动服务、设计精准性，到安装问题解决、客户监工、不断升级、五年质保等，一套极其完整的体系，把很多细节做到了极致。

客观来讲，定制家居要做到零投诉，是非常困难的。韩超东除了在交付之前将服务做到极致，还把握住了一个关键点——假如与客户产生争议，不争论先解决问题。这个做法，赢得了客户的谅解与满意。

再者，我走访过很多经销商，但像韩超东这样善于系统分析的高手，实在不算多。刚接手时，他分析经营受阻的原因，找到问题症结，再对应展开经营措施的调整。他对本地客户需求研究得非常细致，进而在产品上设计更有效的解决方案。他对每家卖场及所处区域消费者的情况掌握得非常精准，进而能够实施更有效的竞争策略。

在经营高端家居市场这件事情上，韩超东的经营思维告诉我们，要想满足高端客户的需求、赢得高端市场的筹码，不能仅仅是定位于价格高端，更重要的是对客户需求的精准理解。同时，还要做到交付品质超越期望，并在服务水平上引领同行，为客户创造全流程的极佳体验，确保各个环节都更具优势。这才是赢得客户优先选择的终极理由，也是企业决胜市场的核心驱动力。

12 14年成为领跑者，这位新一线城市大商靠系统思维纵横市场！

家居英雄

姓名：陈中祥

来自：四川成都

从东拼西凑的60万元原始资金，只身前往天府之国成都，到如今代理头部品牌、拥有多达500人的精英团队，他紧随时代调整战略、与时代遥相呼应趁势而起，一路成长为一位拥有系统化思维的企业家。

故事前情

在风云变幻的商海中，潮起潮落再平常不过。面对顺流而上的成功者时，人们总会以“运气”来总结成就。运气诚然是成功的助推器，但是我们不能忽略那些比运气更为重要的东西——运气来临时敢于伸手把握住的勇气。

14年，从无到有，从有到盛。

14年的时间里，他在一个全新的城市从零起步，用水滴石穿般的坚持，将这块土地的家居市场做深做透。即便是历经各种磨难，他所代理的品牌年营收始终保持增长，稳坐区域市场的头把交椅。

陈中祥的峥嵘岁月究竟走过了怎样的路？又是凭借怎样的勇气，才能白手起家走到了今天呢？

高手过招

连续抓住时代的机会，把握趋势红利

陈中祥的开局，可以用幸运来形容。2006年，结束了七年深圳打工生涯的陈中祥来到成都。七年间就职于家居建材企业的他不仅积累了一定的创业启动基金，更积累了宝贵的行业经验与独到的经营思维，于是不甘于平凡的他决定创业。

陈中祥之所以选择成都，可以说是一个“无奈之举”。当时他想要经销慕思这个品牌，但大城市中慕思的代理商都已经进驻，只有成都、武汉等个别城市的市场尚有空白。而成都这个我们心中经济态势良好的城市，之所以没有慕思的代理商进驻，是因为这是一块难啃的“硬骨头”。

一来成都作为川派家具制造基地，本地家居企业实力强悍，地缘成本与市场优势让外地品牌很难打开市场局面；二来成都商场的标准是两店同开，巨额的前期投资将许多有意向的经销商劝退。

这时没有任何经商经验的陈中祥却毅然出手了，他坚定地说了一句：“怕啥，大不了再回去打工！”就这样，他将筹集来的60万元资金全部投了进去。当店铺正式开始运营后，他手中仅剩不足5万元的周转资金。巨额的投入、未知的将来、艰难的市场、空白的经验……懵懵懂懂之中，陈中祥与妻子、妻姐三人，唯一的目标就是“卖货、挣钱”。陈中祥负责活动、开店与售后服务，妻子与妻姐负责接待客户、店面

销售。

可能上天也格外欣赏勇敢的人，2006年的家具市场逐渐火热，成了经销商生长的黄金时期。那时市场上的知名品牌不多，国外品牌更是还未踏足国内，客户购买家具时，也会直接到商场里选购，自然客流量非常充盈。可以说只要是敢于投资开店、选择好的区位，就可以赚到钱。

“那时商场做一次活动，送一张卡，两天时间卖了100多万元。这个数字放到现在，都是不可思议的。”陈中祥感慨地回忆到。

在随后的三年里，陈中祥的门店从两家扩大到八家。店铺几乎无须主动营销，只需守店促单就可以，所有学习与培训全部围绕着如何留存客户、提高成交率展开。

2011年，陈中祥积累了一定实力，便扩大经营范围，经营了六个品牌。但此时卖方市场的好势头已经开始下降，主动获客成了眼前的难题。2015年后，陈中祥壮士扼腕般地停掉了所有品牌力低的品牌，并在2017年，成功取得了欧派衣柜的经销商资格：因为他看到了定制是未来的发展趋势。如今慕思在成都的门店已多达三十余家，欧派家居多达十余家，成为当地龙头企业。

我们回溯陈中祥的这段创业之路，最开始的他并没有惊艳众人的“商海绝技”，只是恰逢市场红利期，拥有了我们所说的“运气”而已。但是在运气之外，让他决胜成都市场的，更多的是他全盘投入的勇气、适时快速的调整以及与对优势资源的合理运用，这才是能成功脱颖而出的本质。

不破不立，让妻子退居二线，打造职业团队，走上公司化运营之路

在生活中，人们常说“家和万事兴”，对于一个店铺、一个品牌的发展来说同样如此。只有内部团队的思想统一、情感集中、步伐整齐，才能在商海的风浪中携手共进，克难攻坚。

在发展中，陈中祥也意识到了这个问题。他发现销售业绩主要都是来自自己、妻子和妻姐，招聘的营业员业绩很一般。而2009年一位店长带领所有员工辞职事件更是给陈中祥很大的触动：“虽然这件事带来的影响不大，却给我带来了一些思考。当时我手上有七八家店铺，这个管理半径靠我们三个是难以周全的，必须要搭建企业化的组织架构、运作模式和人才政策。”于是他当机立断，以“不破不立”的勇气做出了一系列团队组织上的改革。

（一）五大战略标准，确定人才培养方向

首先，为了保证政策的统一化，他与妻子达成了共识：让妻子退居二线，主攻家庭；自己则留守前线，主攻经营。弱化家庭化的运作模式，转变为企业化模式。其次，他大胆地将妻子培养出的销售骨干安排在核心位置，在此基础上用科学化的措施进一步培养人才，确立五个人才标准来培养团队力量。

1. 选人品质化

选择员工品质大于能力，比如忠诚、勤奋、正能量等。陈中祥更倾向于起用新人，因为新人是一张白纸，更有活力和冲劲，对客户的热情度也更高，还能更快更好地适应企业文化。

2. 培训标准化

陈中祥打造了一套模块化、标准化的员工培训体系，每一位新人都按照标准、流程展开培训，建立统一完善的业务知识。

3. 人才储备化

持续保持储备人才的培养，以储备店长为例：开新店时，从老店派遣储备店长上任，同时再开始储备新人，通过老带新的模式开展新店的团队打造。

4. 配置模式化

每个店根据店面规模、商场客流、店面性质等实际情况，固定人员比例结构，比如常规的“1+3”“1+4”“1+5”等模式配置。同时根据品牌特征在店面搭配2~5名设计师。

5. 团队专业化

与目前流行的设计型销售、销售型设计不同，陈中祥坚持“专人+专业”，将团队中的销售人员与设计师分开，避免“一人离职，两岗空置”的尴尬局面。在培训中，他也更倾向于“专才”而非“全才”。

（二）两大关键政策，固化人才流动

家居行业的销售人员在掌握产品知识、精通销售技巧的基础上，还需生活阅历与经验的加持，才能实现业绩的突破，因为很多年轻顾客都希望年长的销售人员能给他们的选购带来实用的建议。但是，这样的高门槛对新员工来讲就意味着高离职率。为了稳固团队，陈中祥提出了两条切实可行的人才政策。

1. 职业上升空间的拓宽

陈中祥认为，销售额超过1个亿，就一定要成立集团。这不是因为面

子，而是因为集团化模式会拥有健全的职能部门体系，能为员工拓宽一条晋升渠道，打开一个广阔的上升空间，让员工能找到发展的目标与方向，而不是到别处去谋求发展。

2. 薪酬高于同行 30%

薪酬是员工们最根本的核心利益点，所以陈中祥也确定了薪酬标准高于同行30%~50%的基础标准，用可观的回报换得员工的信赖与奋进。

回溯多年来的发展，陈中祥从注重自身、个人能力的提升，转为了以骨干带动、以系统化运行的公司化运作。他坚持推行科学的团队、机制、激励等人才政策，打造了一支更具有向心力、凝聚力的团队，推动企业在市场的洪流和客户的需求中不断发展。

坚持代理大品牌，这是一种怎样的经营逻辑？

随着客户消费观念的不断升级，对品质的要求日益提高，让陈中祥对自己手中的慕思和其他品牌的市场走势开始了新的思考，勇敢地在时代的风向中，走向了下一个阶段。

（一）舍弃弱势产业，拥抱实力品牌

经过深入研究，他认为投资就要投成熟的大品牌，跟着强势品牌只需要顺势而为，稳中求变，就能取得成功。于是，他将2011年投资的六七个仍在盈利的品牌一次性全部关停，集中精力去做大品牌。

（二）提升品牌效应，弱化销售影响

相对于需要苦心经营却难以做大的小品牌，陈中祥对具有发展前景的大品牌有着发自内心的钟爱，也有着独到的经营理念。他认为品牌要想发展，一定要夯实品牌对客户的感染力，弱化对销售经验、销售人员对客户的影响，两个关键思维尤为重要。

1.提高品牌的知名度，借助品牌拉力吸引客户。以慕思为例，从纸媒到商场、机场广告，再到新媒体的多元化推广，慕思的广告在成都几乎无处不在。

2.塑造客户的口碑，促进消费群体裂变。在多年的经营中，陈中祥采用家居保养、感恩活动、长期赠礼等多种服务增强客户联系，从而去提升老客户转介绍与复购的效果。

系统思维的力量：看他如何操盘一场老客户活动，单场开千单

作为当地市场翘楚，陈中祥的营销活动都是怎么做的呢？

长期深耕，缔造老客户活动单场开千单的神话。

（一）自然客流：品牌吸引，销售促进

在陈中祥的业务版图中，慕思在成都的自然客流占比超过70%。面对自然客流量，陈中祥打造了一个“稳准狠”的强势打法。

首先通过品牌知名度等拉力，获得客户的先期选择权，再通过各种活动进一步吸引客户；其次通过一线人员的销售能力，提高自然客流成交率。同时，在单一需求外创造连带需求，从而达到客单量与客单值的

全面提升。

（二）主动拓客：活动吸引，情感缔结

虽然商场的自然客流已足够保持一个可观的业绩，但是陈中祥并没有局限于此，他从未停止主动走出去拓客。

1. 高频次营销活动，全方位拓展新客源

每个星期，慕思都会结合各种渠道，开展各种活动。比如通过家博会、设计师联盟、小区活动等，只要有流量的都会参与其中。

2. 高品质回馈活动，深层次开发老客户

曾经一场仅老客户参加的春节活动在五星级酒店举办，客户到场2 000人，60%以上客户开单。在2020年新冠肺炎疫情期间，陈中祥启动的“线上会议，居家办公，线上落单”模式中，3月做了1 000单左右，这些都是老客户带来的效益。

老客户转化做到这个水平，与陈中祥打造的“由宏及微”的服务体系密不可分。

（1）长期积累，专注服务

早期慕思总部带着自己做，陈中祥认为服务客户是常年坚持的事情，在“要先做，坚持做，持续做”的同时，要抛却营销效果，保持服务的纯粹，整个过程中不允许出现销售动作。通过十几年的积累，陈中祥沉淀了大量的活跃度极高的老客户资源。客户认可度高，自热会在需要的时候找到品牌。

（2）管理信息，积极回访

引入ERP系统实现客户管理信息化，服务满意度评价、客服100%回访。采用员工店长上门服务日等多种方法提升满意度。对客户的每一个

问题、员工的每一次服务做到详细掌握、针对解决。

（3）固定经费，以礼传情

陈中祥每年都会给客户规划上百万的服务费用，每年都会发送生日礼物，从早些年的蛋糕，到如今多元化的红酒、毛毯、定制茶杯等新鲜用心的礼物。通过批量采购，降低采购成本，给客户高价值、高品质的感受。

（4）深度服务，广度体系

陈中祥坚定推进慕思工厂引领的“金管家服务系统”，包括专人、专车、专职地提供除螨、清洗等家居保养服务、定期回访服务，以及店长送货日、员工服务日等各个维度的大量服务叠加而成的服务体系，与客户达成了长时间、深层次的情感连接。

另一关键点——细节。陈中祥认为细节能最大化地凸显品牌的品质，所以每一次举办老客户活动时，所有操作细节都要做到极致。

（1）活动场所

首选高端酒店，让客户感受尊贵。

（2）邀请人员，老客户为先

既然是老客户活动就不能邀请新客户，而且要实行网格化管理，以各个门店为单位，还必须是无差别邀请，不设筛选标准，做到轮流全覆盖。

（3）礼品选择，以诚意为重

每次活动的力度要到位，不能计较于礼品投入和到场签单率。即便客户没有购买需求，但能到场领取礼品就好，其余的事情交给客户决定。要以客户能来为标准，而不是以签单为标准。

（4）活动内容设计，轻松快乐

表演节目、提供餐食饮料、举行抽奖游戏、进行营销活动等就可以，要让客户感觉轻松舒适。

（5）活动现场，服务为优

每场活动中客户的体验感是尤为重要的，所以到场老客户一定要有具体员工对接，确保服务到位。而且为了保证服务的质量，员工不适合邀请太多客户，不能追求“量”，而忽略了“质”。

慕思对老客户贴心备至的服务也换来了客户的真心回报：在行业淡季时，慕思却依旧能依靠老客户实现业绩的维稳甚至增长。

清晰预判未来，创造更大规模经营版图

展望未来，陈中祥对自身和行业都有着清晰而独到的认知和充满勇气的谋划。

对企业自身而言，陈中祥的计划是要集团化，以慕思与欧派的联合阵营持续扩量，创建品牌，强化团队竞争力、实现强大品牌力、扩大规模影响力，争取未来三年销售翻番。

对未来市场而言，陈中祥认为存量房将是一个非常大的潜力市场，值得探索。同时要开发工程渠道，与开发商合作，这是一个机遇与风险并行的领域，所以一定要把核心做强，才有抵御后期风险的能力。

江湖“萍”说

陈中祥是一个充满勇气与智慧的企业家，对市场高度敏感，进而能在机会出现的时候快速出手；他并不贪多，而是全力以赴、扎实深耕最看好的品牌；他已经拥有较大的规模，但始终保持对市场敬畏、对同行心怀敬意，这很难得。

1.每个时代都有特定的机会，过去的14年中，陈中祥用自己的实力诠释了即便有运气的加持，也要有抓住运气的勇气，更要有运营好运气的能力。

2.要想打破事业的天花板，把事业做大做强，并且能够扛住市场变数的冲击，必须摆脱对个人能力的依赖，尽可能早地构建经营系统，搭建团队、驱动公司化运转的机制，提升管理水平。

3.不积跬步无以至千里，讲的是积累与坚持，这在陈中祥的身上被体现得淋漓尽致，尤其是对服务的长期坚持、老客户资源的多年积累，助力他的事业不断取得新的成功。而这种“积一勺以成江河，累微尘以崇峻极”的做法，逐渐叠加，不断打磨，形成了系统化经营思维，进一步推动事业向上而行。

13 屡次在逆境中转败为胜，他高速成长的背后秘诀就是学习！

家居英雄

姓名：梁　帅

来自：四川成都

梁帅，一位爱学习的家居人，与妻子杨红从阅读一部家居行业图书开始，以5万元起步，一边探索、一边学习，数次面对经营变数，沉着应对，带领团队成功地应对了一次次挑战。学习，让他不断突破天花板，不断完善经营思维。如今，梁帅夫妻创立的洛克尚品已经越飞越高！

故事前情

2020年新冠肺炎疫情期间，在家居界很多经营者备感迷茫之际，梁帅夫妻俩做了一件出人意料的事情——他们把原本用来换车的钱，全部投到了学习上。两人一度在学习上投入了50多万元，之后学以致用，找到了突破的方法。

2021年8月，洛克尚品发起六店齐开的攻势，公司呈现非常好的发展势头。梁帅紧密把握家居消费趋势与市场变化，进入了新的发展阶段。梁帅夫妻也配合得非常默契，梁帅担任洛克尚品的董事长，主抓选品、开店；妻子杨红担任总经理，主抓团队打造，经营管理。

从2006年创办洛克尚品，开出第一家店，到2021年搭建起北美之家、美克A.R.T.、可至、都汇里等多家主力品牌构成的矩阵，以及十多家门店总量的布局，建立起美式、现代轻奢、套房床垫为主的产品体系。

15年的征程，其中的每个发展阶段，梁帅都在学习中打开了新的经营视野，探索出了新办法，再从实战中总结，实现了新的突破。

高手过招

夫妻联手创业，屡经波折：一边探索一边学习

梁帅的征程从2006年开始。这一年，他从东莞某家具企业营销总监的岗位上离职，随后考察了多个城市，最终选择扎根成都。

梁帅清楚地记得，那年的7月9日他回到了东莞，但一直到9月5日，老板才同意他离职。随后，他带着妻子、女儿便离开了这座打拼了几年的城市远赴成都。

到成都后，梁帅与妻子在当地家具城接手了一个摊位，开出了第一家店，代理原来工厂的产品，并且得到了原老板的支持。人生第一次创业，梁帅夫妻俩手头只有5万元的资金，所以在各个方面都精打细算。

商场里各种品牌都有，要想脱颖而出，必须制造不一样的亮点。为了达到这种效果，他想了一些办法，如在门头装饰上做文章，从广东购进橘黄色的马鞍皮，外观很亮很炫，在视觉上带给顾客很强的冲击力，也很彰显档次。经过这样的策划和打造，梁帅的门店在商场里变得相当出众。

起步时，团队人员的构成很简单，就梁帅、杨红夫妻二人，外加一名营业员。三个人对家具销售都没有经验。梁帅夫妻购买了相关的销售书籍，一边在家里模拟演练，一边在店里进行实践。遇到问题时，先在书里找答案，然后再结合实际情况与自己的想法不断改进。

第一张订单销售额达到了2万多元，梁帅夫妻因此信心大振。通过不

断地学习和总结，生意也越来越好。第一个月就做到了区域第一名，产生轰动，迎来了非常好的开端。

首店大获成功，但波折也随之而来。第一家店经营不到一年时间，商场表示不再续约。这个突然而至的坏消息，给了梁帅夫妻不小的打击。两人投入了全部精力来经营这家店，把它当作立家之本。经常到傍晚商场关门了，他们还在店里研究产品，调整搭配。孩子困了，就在店里的沙发上睡觉。

没办法，只能重新找店。2007年，恰逢红星美凯龙在成都武侯区佳灵路开商场，梁帅决定进驻。他准备了50万元的资金，重点代理了一家当时颇有影响力的家具品牌，并拿到了商场电梯口位置的店面。

梁帅只花了七天时间就完成了装修，随后开业。配合卖场的营销活动，客流量相当不错，加之红星美凯龙提供的系统化运作支持，他打开了全新的局面。第一个月，就做到了50万元的营收。

但好景不长，受全国市场开发不利等因素的影响，重点代理的品牌决定砍掉梁帅代理的系列产品，这意味着后续的产品支持没有了，而门店装修、市场基础都相当于白做了。真是福无双至，祸不单行。梁帅代理的另一个品牌，也表示后续无法继续再合作，因为半路杀出了一位“程咬金”：某实力较强的经销商表示，要在成都开更多的门店。因此，厂家准备把代理权给对方。

在形势极为不利的情况下，梁帅夫妻并没有灰心，而是梳理思路，重新找品牌、选产品。在接触到某板式家具品牌后，梁帅夫妻决定代理该品牌，将店面重新装修。可是，没过多久，又遇到了意外情况：因仓库所处位置比较低，一场大雨后产品全部被淹……

虽然屡次遭遇坎坷，但梁帅认为，做好选择之后就要坚守，遇到挫折、困难，不要抱怨，而是全力以赴，做好当下。

他强调，在做战略投资时，自己是老板，但在工作时，要忘掉自己是老板。只有这样，才能放下架子与面子，把事情做好。作为老板，要有决心，要有韧劲，才能带动员工一起战胜困难。

正是这种全力以赴的战斗力，专注家具业务的战略定力，以及积极探索与学习的行动力，使得梁帅夫妻在后续的经营中，成功地跑出了漂亮的增长曲线，实现了洛克尚品的腾飞。

在实战中总结：审时度势抓住关键时期，实现品类品牌调整

梁帅从2006年代理第一个品牌、经营第一家店开始，到2021年累计代理过的品牌至少有十家。在品牌代理方面，他不断根据形势进行调整，唯一不变的是要求品牌的实力必须过硬，能够提供高品质的产品。同时，他认为要在一个赛道里坚持，做到最强。

2013年，梁帅重新思考未来的发展方向与定位，最终决定走中高端路线，为客户提供更优质的服务。一次偶然的机会，梁帅接触到了北美之家。在参观工厂时，有几个细节吸引了他，如无尘车间、工人统一着装、排队有序等，处处彰显着管理规范的景象。最为关键的是，北美之家非常注重品质，对品质有着严格的要求。而企业老板的经营思维也是坚持长期主义，聚焦美式家具这个细分领域，这与梁帅的想法不谋而合。

2013年，洛克尚品正式代理北美之家，并一口气开了三家店，总投入300多万元。梁帅用时两年多，成功地建立起了中高端定位，在成都

市场上获得了非常高的认可度。目前，该品牌依然是洛克尚品的重点业务。

2014—2021年，洛克尚品的美式家具系列，开了九家门店，成为市场上的龙头企业。梁帅在实战中总结出一套选品心得。

1.第一时间考察品牌。重点关注企业文化与价值观，特别是老板的价值观。只有当成事业来做，拥有长期主义的定力与智慧，才有可能创造辉煌的未来。

2.品牌红利的时代已经到来。代理的品牌要有深厚的企业及品牌文化沉淀。所以，要首选具有品牌效应的企业。

3.只做品质类的产品，不追风口类的产品。因为客户是为优质的商品而埋单。

4.选择品牌时，一定要衡量自己的承受能力，不要高估自己的业务能力。

5.有些品牌不能选，比如过度求快的企业，后续问题可能会比较多。

6.看品牌有没有优质的经销商群体。如果有，则大家可以互相分享、帮助，实现抱团发展。

7.向大品牌靠拢。

正是这样的选品逻辑，使得梁帅代理的品牌越来越优质。很快，他又代理了美克A.R.T.，并将该品牌在成都做到了市场前列。在品牌运营上，梁帅采用多店发展的做法，每个品牌都开设2~5家店，既能充分覆盖本地市场，形成抱团效应，做透区域，又能多店布局，与厂家建立紧密的战略合作。实现占领市场并深耕细植，提升口碑，强化本地龙头地位。

四种营销模式驱动：卖场、服务、老客户、成交率

洛克尚品的成功，离不开每个阶段的核心营销方式。在梁帅的布局里，卖场客流量的充分挖掘、服务营销、老客户转介绍+复购、销售团队的能力这四点，是驱动业务发展的关键点。

（一）狠抓卖场客流：好位置、好体验

在整体营收里，卖场渠道贡献了近80%。所以，梁帅非常重视进店顾客的转化。而有效转化的背后离不开四点：好的卖场位置、强黏性的店面体验、强大的销售团队、优质的服务。

在商场里拿到一等一的好位置，是梁帅多年来坚持的经销选址策略。梁帅认为，好的卖场本来就是一个吸引顾客的场所，所以必须珍惜卖场客流，把转化率提升上去。优质的品牌+优质的位置，就有能力抢先接触客户。

注重店面形象打造与购物体验提升，则是梁帅长期坚持的终端打造策略。刚开始创业的时候，他就通过惊艳的店面打造，成为商场里的一大亮点。洛克尚品在门店的体验升级上，投入了很大的精力，持续不断地给客户创造惊喜体验。

（二）服务就是营销，以服务取代营销

梁帅一直强调服务的重要性，坚持服务就是营销，用服务取代营销。每个客户背后都有N个客户，只有客户服务做得足够好，才能获得好的口碑，老客户才会帮忙推荐新客户。

他给出了三种具体做法。

1. 老板亲自送货

现场了解问题、提供服务。站在客户的角度，如果发现商家的老板亲自送货，会感到很受重视。即便公司发展到今天，梁帅还会时常与员工奋斗在一线，近距离与客户沟通，了解客户的需求，及时解决客户的问题，不断提升服务质量。

2. 设计服务能力

设计服务能力是洛克尚品这几年重点发力的方向。在公司工作三年以上的销售人员，普遍都具备了家居搭配设计的能力。同时，公司也配备了专业设计师，提供全案设计，提升客户体验。

在刚开始与客户交流时，先为客户免费制作草案；家访之后，根据实际情况调整草案，让客户看到效果；收取订金之后，再制作更为细致的方案。

3. 保养服务团队

洛克尚品组建了一支家居保养服务团队，提供多种上门服务，比如实木家具保养、沙发清洗、床垫除螨、窗帘拆洗等。服务前后都会拍照，还会请客户填写满意度调查表，再通过数据汇总，分析出需要改进与提升的地方。之后，将结论整理成文本，作为全体员工的培训资料，提升整体服务能力。

在保养服务过程中，负责保养的师傅也会与客户进行沟通：一方面了解客户的家具使用情况，提供家居保养、搭配方面的建议；另一方面与客户沟通，了解客户是否有新需求。如果客户有新的需求，则会对接给销售人员。同时，保养师傅会留意客户的邻居是否在装修，以便拓展新的客户。

（三）老客户转介绍＋复购：服务、回报、活动

从2014年上线管理系统到2020年，六年的时间里，洛克尚品服务了1.2万多名客户。客户资源的积累与管理，不仅意味着洛克尚品较早实现了客户管理的信息化，也为后来的老客户服务提供了充足的数据支持。

围绕老客户，每年组织举办2~3次大型活动，每次邀请100位客户到场，老客户占70%，新客户占30%。现场会邀请老客户进行分享，并赠送家居保养券、礼品等回馈老客户。

客户到场参加活动，花费时间精力，只有提供有价值的回报，才能对得起他们的支持；只有多为客户着想、创造价值，才能赢得认可。

除了大型活动之外，日常也会开展一些小型的兴趣活动，并根据客户的兴趣点定向邀请，如亲子活动、插花沙龙等。持续组织不同的主题活动，增强客户黏性。

（四）增强员工的沟通与服务能力，提高成交率

通过不断的学习与训练，全面提升团队里每个人接待与服务客户的能力，进而增强门店的留客能力。这里包括以下几点。

1.招聘时，重点发现那些有目标、积极向上、自我驱动力强的人才。入职后公司全力培养。

2.高管团队经常外出学习，回到公司后将经验传授给员工。

3.通过企业文化建设与激励制度、福利政策，提高老员工的留存率，确保骨干员工不流失。

4.培养经验丰富、服务意识强的销售骨干。他们不仅能够自己做销售，同时能带徒弟、带小组。

全员学习：学习让团队不断成长，驱动公司向前奔跑

在梁帅讲述将事业做大、做强的过程中，他不断强调学习提升、团队成长。即使公司规模很小的时候，或者与员工奋战在一线的时候，他也在主动学习。

从2012年开始，梁帅夫妻便开始学习各种课程，涉及盈利模式、绩效增长、产品定价等，并从中获得了不少有价值的经验。梁帅认为，不断学习新知识，才能拓宽视野，完善经营管理，提升战略决策水平。

比如价格体系的标准化。梁帅不建议高定价、低折扣的策略。因为过高的价格会“伤”到客户，还会将部分目标客户挡在门外；而过低的折扣则会“伤”到品牌，同时可能会影响整体服务的质量。而标准化定价、适当的折扣则更为合适，虽然折扣力度不高，前期容易流失客户，但从长远来看，却能带给客户更好的产品和服务，更好地树立品牌形象。

梁帅不断学习，不断总结，再应用到业务上，已经形成了良性循环。以前开新店时，他担心持续投入的风险太大。因为新店要半年甚至更长的时间才能盈利；而要收回投资成本，则可能需要两年甚至更长的时间。当学习了新的运营机制后，他在开新店前会进行系统的分析，对盈利与投资回本进行剖析，提前规划好人才团队的搭建、营销策略、服务方式等，实现开店之前，已经对新店的运营发展了然于胸，从容不迫。

现在，学习已经成了洛克尚品的企业文化。既有内部培训，由老板与高管主讲，也有行业分享，邀请行业专家、优秀同行前来讲授。而对于刚入职的新员工，更是专门建立了一套培训体系。

团队里所有人都不是“空降兵”，不是“挖”来的，而是招聘有潜力的员工，从零开始培养。

同时，梁帅通过现代化的管理制度与激励办法，让每一位员工都能实现生活水平与业务能力的双成长，进而降低了员工的流失率。团队骨干成员普遍工龄在五年以上，还有已经工作了十多年的老员工。

梁帅也非常重视培养团队成员的信心。如2020年每个季度都制定了一场“战役”，目标并不会定得太高，而是充分考虑可行性，让所有人都能参与进来，一起打拼，一起实现梦想！

江湖“萍”说

翻开梁帅的创业经历，我们会深切地感受到，这是一位经历过大风大浪、抗击过不少经营困难，但是善于学习总结，并最终逆势而起的创业者，同时也是一位办事果断，并拥有长远战略眼光的经销商企业家。

从他的经历中，我们得到诸多启发。

1.做一个愿意学习、善于学习、经常学习、能够带领团队投入学习，并且充分利用学习价值的经销商，才可能在市场形势发生变化时及时调整与创新，掌握新的工具与能力，进而开创更广阔的未来。

2.市场不是一成不变的，符合消费趋势的产品也不是固定的。我们做品牌组合不能一成不变，必须根据自身能力和发展阶段，适时调整营销方案并坚持与时俱进，这样才能抓住发展机会，走向成功。

3.任何时候，业绩基本面必须扎实，注意经营过程中的沉淀，才有可能在遇到困境时，做到家里有粮心里不慌，运筹帷幄。

14 一手烟台、一手上海，看他如何上演“双城记”

家居英雄

姓名：吕晓杰

来自：山东烟台/上海

从山东烟台到上海，虽然同在沿海地区，却距离很远；从单品类地板到卫浴、橱柜，高端定制等全案输出，进步可谓神速；从单纯经销商到进口品牌代理商，格局视野已然打开……

故事前情

从代理一家国产品牌起步，到转营进口地板；从烟台市的主流经销商，到成功进军上海滩……如今征战两地的吕晓杰不仅在得高地板体系里，稳坐业绩前三强的交椅，更是凭借汉斯格雅、杜拉维特、璞诺橱柜、风鸟定制、朗斯淋浴房等九家高端家居品牌联合打造的全品类家居矩阵，成为纵横国内家居市场的多品牌经销商领军人物。

从烟台到上海，是什么让他的商业版图越来越大？让我们来看看他的故事。

高手过招

起步烟台，在港城奠定坚实基础

909千米的海岸线围绕着的是港城烟台，这是环渤海经济圈、胶东经济圈内的重要节点城市，也是吕晓杰商业之路的起点。

（一）从打工，到经营，厚积薄发

吕晓杰的职业生涯可以说就是为家居而生。他大学实习的第一份工作就是在广州的地板工厂。毕业后的他跟随姐姐来到烟台，姐弟二人以打工者的身份经营着一家50平方米的地板门店。最初，吕晓杰负责设计师渠道、送货安装等，姐姐则负责店面的销售、财务等。经营三个月后，姐弟俩发现这家门店有一定的发展空间，于是筹借了3万元把店面盘了下来。由于姐弟二人的出色表现，得到了地板工厂的充分肯定，在他们决定代理后，工厂为资金不足的他们提供了充足的政策支持：帮助他们先铺货，等客户款项到位后再给工厂。

在品牌方支持与良好市场形势的双重加持下，他们的生意蒸蒸日上，三四个月便收回了前期投入的3万元本金。当时在烟台，众多知名品牌在销量上都是吕晓杰的手下败将，他的制胜奥秘有三招。

1. 投放广告

吕晓杰的广告投放采用的是大规模的地毯式轰炸——户外广告+公交车身广告。只要看得到的地方，都有他经营的地板广告。他为产品搭配的广告语是："根据沿海气候特别烘干制造。"这句广告语以产品产自青岛的地缘优势和因地制宜的产品特质，让消费者心中产生了"为我们量身打造"的感受，所以也更乐于选择吕晓杰的产品。

当时广告投放成本不高，效果却很好。

2. 合作渠道

合作渠道就是与设计师合作，这种模式虽然现在非常常见，但是当时在烟台却鲜有人做， 他用的是很传统但却很有效的方法——人际交往。通过日常联络、经常聚会等方式增强与设计师的情感联系。同时，配合一定经济措施——订单分成，最终不仅将设计师渠道跑通了，还实现了设计师渠道的全覆盖，烟台市内只要是稍有名气的设计师都与他建立了合作。

3. 极致努力

相对于前两点的方法论，吕晓杰始终认为促进他事业成功的核心是勤奋与努力。吕晓杰的店几乎每天都是商场里最早开门的，大雪纷飞的日子里，第一排脚印总是吕晓杰和团队踩出来的。在从业的漫长岁月中，他付出了远超同行的努力，而这便是他成就事业的第三大关键推动力。

（二）从普通，到高端，大胆投身

虽然店面销量不错，但他却并不止步于此。在2006年，他迎来了一个转折点——正式代理得高进口地板，向高端产品领域进发。

在吕晓杰做出决定之前，也曾与设计师渠道的朋友共同探讨过经营高端品牌的可行性。这个市场虽然难做，但优点在于少有人做，细分市场空间可能更大。而且得高地板负责人精准的商业眼光和优秀的产品品质也令他十分心动。最终，他相信自己的判断，勇敢地开了一家面积达200平方米的门店。事后的发展证明，吕晓杰这一步迈得很对。

2006年后，借助品牌势能，吕晓杰在与设计师合作的渠道中再登一个台阶，成功打造了“设计师以推荐得高地板为荣，客户以使用得高地板为傲”的双赢品牌优势。在这种势头下，吕晓杰在烟台开了得高的第二家店面，并且把面积扩大到了1 000平方米，成为当地的标杆进口地板大店。

此后的吕晓杰更是一路高歌，时至2021年他在烟台有了三家门店，在上海有了六家门店。对于吕晓杰来说，更具价值的是他在经营得高的过程中所掌握的，服务高端消费者的思维与方式，这也为他日后的事业奠定了基础。

（三）从品牌，到圈层，全面绽放

2009年，是吕晓杰在烟台全面绽放的一年。他在烟台增加了多个进口及高端品牌：汉斯格雅、杜拉维特、博夫曼橱柜、风鸟定制等，跳出了单一的地板品类，打造了橱柜、卫浴、定制等多个家居品类、九个高端品牌的全维度品类矩阵，聚焦高端圈层，多品牌综合经营。

在这个过程中，吕晓杰的营销方式也在随之变化。

他明确了高端消费群体的特征——有专业的设计师推荐，在意产品的品质与口碑。在这些特征的基础上，他弱化了传统广告的投放力度，开始侧重公众号、朋友圈等新媒体宣传，从而促进转化成单。

对内，更加注重提高服务能力、门店业务能力；对外，更加努力维护设计师、老客户复购、转介绍等渠道。

在烟台，吕晓杰从最初创业经营地板，到转型高端进口地板、纳入家居多维品类，他不仅仅实现了事业的第一次飞跃，还打牢了市场与资金基础、跑通了设计师渠道、积累了运营经验，让他在日后突破烟台城市局限，进军上海市场的过程中有底气、有实力，快速拓展出业务的全新格局。

进军上海，在魔都开创辉煌版图

对于经销商的异地经营来说，大多会选择市场接近、地缘有利的两个城市，而烟台与上海这两座城市，不论是市场定位还是城市风格都大相径庭。但是，吕晓杰却仅用几年时间就再次打开局面，成为多家进口品牌在上海的核心经销商，并成为经销商跨城市经营的成功典范，旗下仅进口地板的门店就有大约10家，团队扩大到120多人，为后来者带来了颇具价值的案例启发。

“进军上海，是机遇与私欲双重碰撞出的必然。”对于缘由，吕晓杰如此笑言。

所谓机遇，是身为商人的向往。那时上海得高地板的经销商成绩不好，十几年开一家店的节奏与公司发展难以匹配，促使品牌方亟须找人接手。而吕晓杰带领的烟台区域已经成为得高体系中的前五名，有机会、有实力，难免想去尝试一下。所谓私欲，是一个朴实的父亲心里的小算盘，“万一做好了，以后可以让孩子到上海去接受更好的教育”。就是这样，他下定决心进军上海。

（一）前期悉心筹备，方能决战千里

在刚接手上海市场时，吕晓杰便对接下来的行动做出了充足的准备。

初来乍到的吕晓杰决定用第一家店铺试水，他仅用了30多天就将首店装修完毕，并投入经营。为了让上海店快速投入规范化的运营中，他从烟台带了两名销售骨干，他们依靠强大的实力和多年工作积累的经验让店面经营迅速步入正轨。为了稳固基础，他复制了烟台的经验，重点开发装修公司和设计师资源，以更加稳妥的方式来积累经验与原始资金。

（二）开发重点渠道，打开装企市场

在上海市场，装修公司渠道的竞争非常激烈，而刚进入上海的吕晓杰资源是零，怎么办？

1. 突出品牌优势

作为排名第一的进口地板，得高拥有强大的品牌背书，这是得高品牌自身带来的、无须任何投入的最大优势，所以这一点要最大化凸显。

2. 打造市场实力

到上海后，吕晓杰迅速打造了“三年开六店”的强大声势，将店面覆盖了上海的重点商场，为装企提供一个强大的品牌供应链，以便他们有更平稳的实力服务客户。

3. 补强业务团队

吕晓杰挑选了六七名专业人员，组建了一支装修公司渠道团队，一家一家去沟通，逐渐做成一个有体系的网络，为后期提供了源源不断的市场资源。

4. 加深服务层次

吕晓杰在十余个合作稳定的大型装企中都派遣了一名员工驻扎，以“一对多”的模式去服务公司的设计师，一来提升工作效率，二来给客户更专业的服务感受。

在不断的努力下，吕晓杰目前在上海已经合作了大量装修企业，并与其中100多家有着业务往来。

（三）复制烟台模式，发展渠道资源

多年的家居行业经验告诉吕晓杰，无论是地板、厨房还是定制，无论是哪一个品类，只要做高端市场，就一定绕不开设计师，所以家居品牌必须要与设计师渠道达成稳定、高效的合作。

因此，当他进军上海后，便复制了烟台设计师渠道的成功模式：比如派遣专门业务人员与设计师拉近个人关系、时常举行沙龙、不定期进行游学等活动，不断缩短设计师与品牌的距离。在吕晓杰的努力下，2021年上海区域与吕晓杰合作的设计师多达数千名，成了他最核心的资源。

面对如此庞大的设计师资源，吕晓杰以“两大措施，三大优势”实现了对这一渠道的维护。

1. 两大措施

针对装修企业内的设计师，吕晓杰会安排专职业务人员驻扎对接，进行“一对多”的服务；针对非装修公司的个人设计师，吕晓杰会安排业务人员保持密切联系，维护与设计师之间的情感关系。

2. 三大优势

一是得高在家居行业品牌的频繁更迭中却依旧稳如泰山，时间的考

验让双方的合作更安心；二是吕晓杰带领的团队多年来一直在与设计师、与市场一路成长，以不断发展的魅力相互吸引，关系也随之深入；三是吕晓杰会不断地提升门店业务能力，在设计师为客户提供服务时能迅速激发客户兴趣。快节奏的进程让设计师的工作量随之减少，这样就增强了与设计师的合作黏性。

正是借助这些办法，在进入上海市场的一年多后，吕晓杰就已经业绩斐然，其中60%左右的成绩都来自装修公司与设计师渠道。而且在近几年中，上海市场作为后起之秀，营收已是烟台的3倍左右，具有无限潜力。

两地繁荣，以不变内核迎万变市场

综观吕晓杰的商业版图，不论是在港城烟台，还是在魔都上海，不论是装修企业渠道，还是设计师渠道，在不同的外部市场与对外营销的过程中，吕晓杰始终保持着如一的内在管理手段与经营理念——“品牌+团队”。

他给我们分享了多年前的一个客户案例。

曾经有一个大客户购入了一栋楼内的八户住房，想要改装成一幢独栋别墅。当时有多个服务商参与竞争，吕晓杰给出的报价比其他品牌高出40%，但是最后客户还是选择了吕晓杰。

事后他总结胜出原因，一是作为高端品牌，有着可靠的信任背书，在消费者心中有着很高的认可度；二是因为团队出色的业务能力，从前期设计沟通、施工对接，再到现场实地指导等都显示出了高水平的专业能力；三是因为公司多年发展主营高端品牌，有着令客户放心的过硬实力。综合种种因素，才赢得了客户的认可。

（一）持续提升一线团队销售能力，借助体系打硬仗

“成功的第一要素就是团队，我的这支团队有实力，所以不论走到哪里、进入什么行业、经营什么品牌，他们都能复制经验、复制成功。”谈及团队，吕晓杰的骄傲难以掩饰。

目前吕晓杰的团队在烟台区域有60余人，上海区域有120余人。正是这支团队，尤其是其中的骨干力量，保证了每年烟台服务1 000余位客户，上海3 000余位客户，推动着整个公司的持续前行。而这样的精锐之师，其中的关键不仅在于长期留存的骨干，还在于自发积极的精神，核心的稳定保证了整体发展的稳定。为了做到这一点，吕晓杰采取了如下举措。

1. 专业能力，重点培养

吕晓杰认为这是服务顾客的根本，每年投入几十万元，带领团队不断参加培训学习。

2. 眼界见识，帮助成长

作为一个高端品牌，员工的品位也在侧面凸显着品牌的调性。他会组织员工出国旅游去拓宽视野，力求与高端客户沟通保持同频。

3. 老人带新，协同进步

在招聘到新员工时，吕晓杰会指定老员工去带，新员工与老员工搭档合作，协同进步。

4. 正向激励，公开透明

在中小企业中，能对员工产生激励作用的，很大程度取决于薪资待

遇。在考核期开始，吕晓杰以店为单位，与店长沟通、敲定每个店的任务目标、激励内容、分配模式，与店长签署协议，然后店长再公开与店员明确细分任务。

在一个考核阶段结束后，以现金形式公开发放奖金，从几百元到几万元不等。用数十倍的差距，强烈的视觉冲击激励员工奋进。对于店长及骨干员工，吕晓杰给予了十分优厚的待遇，远高于行业水平。

5. 负向激励，优胜劣汰

在正向激励的基础上，也有负向激励。如业绩未达标准线，基本工资可能降到本地最低工资水平；而达到业绩标准线，薪资可能会翻倍。每个月都根据当月业绩灵活地核定实际收入，保持员工不断进取的冲劲。

五大举措加持，使他打造了一支强有力的经营团队。

（二）提升门店销售能力，加强自然到店的转化率

吕晓杰发现自然到店的客流转化订单依然占据较高的比例，所以他在占据商场优势位置、最大化吸收商场客流量的基础上，重点推行店长制管理模式，从而提升门店的销售能力。

以吕晓杰公司旗下的综合店为例，他代理的10个品牌都汇集在一个店内，并在每个店内设定了独立的区域，比如卫浴区域、橱柜区域等。在这种分布模式下，吕晓杰会安排专门的团队主管具体业务，每条业务线还会有事业部，专人负责考核。但同时综合店内各个板块的销售人员会相互带单，既能提升客单值，又能让客户拥有“一站式购齐”的消费体验。

（三）加强转化老客户复购介绍，促进市场二次裂变

吕晓杰认为，目前的家居市场形势不错，经济的稳步提升也让老客户的需求得以释放。相较于新客，老客户的复购转介绍也是一个非常可观的市场，业绩贡献很大。

以烟台市场为例，房价相对较低，而经济水平却还不错，人们想要获得更良好的居住环境，在三五年的周期内就会计划装修翻新，而前些年沉淀的优质老客户群体自然会再次选择吕晓杰的品牌。而消费能力更强的上海市场情况更为理想，老客户复购或转介绍的基础非常雄厚。

他在这方面主要采取了如下举措。

1. 首次服务做得好

客户在第一次接触品牌时难寻瑕疵，不论是产品质量还是安装过程，甚至是后续服务都给客户留下满意的评价。

2. 品牌背书做得好

吕晓杰的公司作为家居市场的常青树，即使客户多年之后到店，还会看见这个品牌和店内的老员工，自然会觉得安心可靠。

3. 品牌矩阵做得好

虽然在业内有着很多同样出色的竞争者，但他们大多是单品牌。而吕晓杰的多品牌矩阵，可以让客户一站式购齐，这也是赢得老客户青睐的关键因素。

我们不难发现，不论是哪一种市场模式，让吕晓杰在其中取胜的关键点依旧是他所坚持的“品牌+团队”的运行理念。在他未来的发展中，也将一直践行这一理念。

展望未来，以清晰格局再创辉煌

展望未来，吕晓杰有着清晰的预判和规划。

他认为，进口品牌会成为高端消费者在同等预算下的优先选项，进口赛道上的家具、定制也将拥有更大的机会。基于此点，吕晓杰首先会谨守根据地，增强竞争力，做强渗透力。在此基础上发展厨房业务，打稳根基后实现稳健复制，继续拓展自己的商业版图！

江湖“萍”说

吕晓杰十分内秀，他是一个思路清晰、心怀大志的年轻人。第一次接触，你一定不会想到，他已运营了十多个高端品牌，并且大多都是品牌核心经销商。

吕晓杰的核心经营逻辑就两条：一是把设计师渠道做深做宽；二是把团队练到足够强，借助体系打硬仗。

他给我们提供了至少三点非常有价值的示范。

1.找准自己的赛道，做深做实做精，做成领头羊。吕晓杰数年前从进口地板开始入局，只经营进口品牌与高端品牌，这种品牌矩阵所服务的客群存在交集，能够相互助力，最终走出了一条服务高端客户的成功经营道路。

2.对设计师渠道的专注让人佩服，早年别人还看不到这条赛道的时候，吕晓杰就已经跟设计师展开广泛合作。到上海之后，他把大部分精力又集中于设计师渠道，建设专门的团队维护，实现了上千位设计师的深度合作，这种专注精神不简单。

3.吕晓杰把自己最重要的成功经验，归结于团队打造。他十分自豪自己的团队竞争力，认为自己的团队足以把拓宽流量、承接业务、项目交付等复杂经营流程做得很好。

吕晓杰多管齐下全方位培养团队，老带新、高激励、高收入，以业绩决定下一年的工资水平等，同时学习奢侈品卖货，培养员工对品质生活的感知，以保持与客户同频。培训投入力度大，每年耗资几十万元，老板带着团队一起学，并且长期坚持与完善，逐渐形成了完整的培训系统。真正的结果呈现往往并不是带来多少创新，而是立即行动与长期坚持，仅这一点就能打败90%的人，而吕晓杰恰恰做到了这一点。

15 从不刻意营销，深耕交付与体验：他用四年时间做到细分市场第一名！

家居英雄

姓名：胡文晟

来自：浙江永康

他是极具工匠精神的经销商，从经营楼梯开始，再到开整木工厂，最后走上高端定制之路。当所有人都渴望走得更快一些的时候，他像一名老工匠，扎扎实实精雕细琢每个环节，做技术的王者，把客户的家当成自己的家，打造出一个个完美的作品。

故事前情

一个经销商，不注重营销，但从来不缺客户，原因在哪里？

来自浙江一个四线城市的高定品牌运营商胡文晟给出了自己的答案：做高端定制，把所有精力用到项目落地与交付上，把施工做好，把口碑打造好，客户自然源源不绝。

故事要从2018年讲起，胡文晟成为A8空间在永康地区的经销商，后者是一家高定家居品牌，在行业拥有不错的口碑。正是厂商双方合力，随后不到四年的时间里，胡文晟就发展成为品牌渠道体系里的中坚力量，并且成为永康高定家居市场的领跑者。

在他身上能看到非常鲜明的经营特色，比如重点强调施工交付、重视设计方案的落地与效果呈现、强调团队责任心。他并不注重各种花样繁多的营销动作，而是聚焦客户订单签约之后的履约与服务品质。

高手过招

不一样的开局：从施工入手，做技术的王者

2008年躬身入局，胡文晟算是家居行业里的资深老将，从经营楼梯开始，在浙江永康成功扎根，为后来的事业奠定了基础。2015年，胡文晟迎来人生的第一次转型，自己开起了整木工厂，面向客户提供整木定制服务。他当时业务做得非常好，赢得了大量客户的认可，但利润微薄。2018年，胡文晟关掉工厂，开始代理A8空间，正式步入高端定制领域。

多年来，胡文晟经过深思熟虑，单品类已无法满足自身发展的需求，加之消费需求发生了明显变化，整装拥有更广阔的想象空间，所以他从楼梯跨到整木定制，又一头扎进高定整装市场。不过，他很快发现自己存在一些短板：一是高定家居市场还处于初级阶段，没有成熟的经验可以学习，一切需要自己去摸索；二是自身的知识面与经验还不足以支撑整装业务的开展；三是团队就十几个人，缺乏设计师、销售、安装施工师傅等专业人才。

意识到这些问题，他即刻展开行动。首先，不断学习，参加多场培训班，听了大量课程，对高定整装加深理解；其次，想办法培养专业人才，如安装师傅从木工一步步培养，设计师从新手一点点培养。长效坚持与努力下，慢慢地把这些短板补了起来。

切入高定家居赛道后，第一步是打开市场局面。然而，胡文晟并没

有在营销上采取过多动作，而是先成立了工程部，才组建销售部。先从装修施工开始，把施工落实扎实，这种做法让很多人感到意外，但事后取得的成果证明了胡文晟的明智。

他们努力攻克施工中的一个个难点、卡点，比如各种收口就是一大问题，胡文晟便组织团队把收口摸透，同时开展相关课程，面向装修公司的施工师傅、由设计师提供培训指导。这种做法逐渐在本地形成了口碑，越来越多的客户与设计师主动上门寻求合作。胡文晟逐步建立起施工方面的竞争优势，在很多同行还不了解某种技术的情况下，他已经领跑行业。

同样，在对新材料应用的掌握，胡文晟也投入了比较多的精力，现在团队已经可以做到游刃有余。他还会参加一些展会，了解各种新材质的应用。在项目落地过程中，帮助客户解决特殊材料的购买问题。

设计师在整个项目中起到的作用非常关键，胡文晟经反复打磨，建立了一套设计师培训机制与体系。现在培养一名能上岗的设计师，从新手到能够独立负责项目，只需要三个月到五个月时间。

长期坚持下来，设计方案的1:1还原落地成了胡文晟的优势，就连色彩搭配、各种材质、五金应用等，都与效果图保持高度一致。

从工厂经营者成功转型职业经销商，其中的不易胡文晟深有体会。在开工厂时，要兼顾客户、生产、品质等，不可控因素比较多，想要把产品做好，但精力与团队有限，压力非常大。经营A8空间后，品牌把产品打造得很好、质量与交期稳定并且有保障，自己只需要全力经营门店，把客户服务好就行。

苦战落地交付：从设计效果实现到精细施工

在项目的落地交付环节，胡文晟投入了最主要的精力。目前在永康区域，设计师将方案做出来后，普遍会找胡文晟的公司合作，由后者负责落地。选择这样做的原因有多种：一是胡文晟组建了非常强大的团队与运营架构，有得力的人可用；二是这支团队的能力很强，在材质运用、服务细节等方面，做得相当出色；三是安装方面，所有安装师傅都是专职的，水平很高，经验丰富。

在这些优势的背后，是一套完整的交付流程与机制，经历了几年的打磨与经验积累，足以满足各种严苛的需求。

从设计开始，设计师分为主案设计与深化设计，一个项目会有两个设计师参与，现场测量时，设计师、测量师一起完成。即使是设计方案审核，也有专门的把关者。当方案出炉后，设计总监会审单把关。设计总监不负责具体项目，而是负责发现问题并帮助设计师解决难题。

进入施工环节，由工程部完成，有专门的工程经理统筹，如分配安装组进场、货物进场时间等。后勤保障同时跟上，如货物进场后怎么摆放、摆放在哪个位置、楼层怎么划分等。

施工结束后，有检验与成品交付环节。先内部检验，发现问题整改，没有问题之后，再交给业主验收。验收通过，再跟业主签字。接着，进入售后服务环节，售后也有标准，主动告诉客户售后服务的内容，有任何问题都可以向售后反映，并承诺24小时响应。

清晰的流程式执行，可确保交期可控。从下单开始，60天内预计完成交付。给工厂提交订单后，门店就把进度排出来。针对所有的货品、执行时间点等，提前把握并配套规范化措施。同时，为了保障流程的顺利进行，每个环节都配备对应的负责人员，并且针对每个阶段，工地有汇报，既在公司内部汇报，也向业主汇报。

在落地环节里，胡文晟根据安装师傅的特长进行小组搭建与项目分工，目前组建了九个安装组，每组有两名安装师傅。胡文晟把每个小组的成员都培养成具备特定优势能力的人才，专注于细分领域掌握最强的技能，如精细化安装组，负责金属、皮革等安装收口。无框门、灯光等也会配备特定的安装组，由专业的师傅完成。一个工地，至少会安排三组师傅参与，把不同特长的安装组派到具体项目，以保证高质量的落地效果。

胡文晟还对工地作业推行了非常完善的措施。首先，强调安全，以人为本。如工人要用到很多工具，有标准化的使用方法，确保安全。每天完工后，要清扫，确保物品摆放整齐，并检查电线水管等。其次，施工完成并交付时，任何小问题都不能出现，如墙钉眼不能容忍，内部会先检验，提前发现问题。最后，与客户正式交付前，现场发现任何问题，如磕碰等，无论谁导致的，都视为自己的问题，快速解决。即使是因客户另外安排人搬家具时磕坏的，胡文晟的要求依然是自己处理，不要留到客户验收。

八成业绩来自老客户：一切为了口碑

高定整装行业不是快消品，它的服务周期很长，增长速度取决于团队能力。胡文晟坚持每一个订单都要提供高品质的服务。如果服务不过来，有些订单可以推掉 。只有这样，才能维持大量老客户的高满意度。

胡文晟当前的订单里，八成以上都来自老客户。老客户的转介绍与复购成功率非常高，其中转介绍能保持七成以上的成功率。

口碑是怎样形成的？胡文晟总结，只要把活干漂亮了，把客户服务好了，把效果做出来了，口碑自然就有了。口碑有了客户就会慕名而来，不需要花大力气去找客户，老客户也会主动介绍。以客户为中心，胡文晟始终坚持以下几点。

（一）口碑为重

从刚开始做高定家居时，胡文晟就很重视口碑。如果出现客户投诉，他不仅会感到自责，马上帮客户解决问题，同时会找出问题所在，查漏补缺，力求完美。胡文晟在选品牌时发现，A8空间也非常重视口碑，双方不谋而合。

（二）长期主义

把一个又一个项目做好，一年一年地积累，工厂提供好的产品，经销商组织团队把客户的家打造好，老客户就越来越多。

（三）效果还原

满足所见即所得的期望，最终装修出来的效果，一定要超出客户的预期。

（四）不推诿的售中服务

在项目推进过程中，出现问题不推卸，把问题先解决，让客户始终有非常好的体验，后面就可能复购。

（五）高效的售后服务

在使用过程中，五金等部件难免会产生松动现象，或者有磕碰损伤。客户只要打电话，就会在24小时内派人解决，售后体验非常好。

（六）客户服务方式的创新

在客户沟通与服务环节有一些微创新，如完成10%、20%、30%等阶段时都要分享，将节点汇报工作抓紧，让客户随时掌握项目进度。

（七）细节处的惊喜创造

如施工完成后，将现场打扫干净，客户家里有垃圾会主动带走，等等。

让很多经销商难解的问题是，如何将设计方案完整地搬到客户家里，确保最终的落地效果超越客户预期？

这是胡文晟团队的一项核心能力：一是团队对高定产品本身的深度理解；二是材质把控非常精准，熟悉材料应用能够呈现出怎样的效果；三是从设计到施工全流程的经验积累。这种优势让A8空间在当地声名大振，吸引了不少设计师前来咨询、商讨某些材质的运用方式。此外，在色彩、软装、灯光等搭配方面，胡文晟的要求都极为严格。

胡文晟给高定设计师的定位是产品设计，以灯为例，会精确到瓦数、色温等参数。再如针对一面墙，设计师要根据客户需求想清楚如何做细化、比例如何分配、材质如何结合等。在不少项目里，装修公司已经做好了房子的整体设计，高定家居设计师需要在这种情况下，把自己的设计更加和谐地融合进去。

落地交付表现出的漂亮成果，以及对客户口碑的重视，为胡文晟赢得了大量高净值客户资源。此前他曾接受一个大客户委托，帮助他们打造会所，而该客户也涉足了木作业务，本来计划自己做，但看完胡文晟公司的案例后，把宴会厅交给了胡文晟团队。一层打造完成后，客户看后觉得不错，就把剩下几层也包给了他。

在项目履约过程中，胡文晟团队体现了充分的专业性，细节考虑得非常周到，比客户自己工厂更可靠。会所做完后，该客户自己家里的装修，也交给了胡文晟的公司。一套做完再做第二套的客户，近年来出现了很多。

现在，胡文晟团队已把服务贯穿到交付后。通过交付后的定期回访、节假日礼物互动等增进与老客户的黏性，生意盘面越做越大。

有责任心的团队，决定了最终的成果

为什么能够跑通高定家居模式，并且赢得客户的高度认可？胡文晟在回顾四年时间的征程时，认为除了落地交付、注重口碑等方面的因素外，还有两点至关重要：一是团队因素，整个团队里的每个人都很上进、能力也很强，过硬的团队保障了好口碑；二是拥抱趋势，他参加了大量展会，与同行积极交流，只要有好的东西出来、新的风向标出现，就要想办法抓住，走在市场前沿，引领潮流。装修也属于时尚消费、家居也是时尚产品，要把握审美与消费趋势，才不会被淘汰。

团队这个关键词，胡文晟多次提到，家居行业最关键的就是人。把整个家居业务流程拆分开，就会发现每个环节想做好，对应的负责人必须具备足够的责任心。责任心是他最为看重的团队灵魂，胡文晟认准要想把事情做好，就要站在客户的角度考虑问题。无论遇到任何问题，不论是不是自己的，先全力去解决，事后再总结反思。对项目做复盘时，出了问题并不可怕，有问题解决不好才最糟糕。如果能将问题解决好，客户的信任感反而会变高。

在团队打造上，胡文晟始终贯穿责任意识：在招聘上严格把关，内部不招成熟的设计师与销售人员，而是招新手再按照公司内部机制与方式展开培养，而且会侧重责任意识的强化。公司每年都会招一些新人进来，确保人员架构的稳定。

设计师培训分成三个阶段。起点阶段为期一个月，其间会有成熟的设计师提供指导；考核通过之后，进入第二阶段，一般三个月时间就能掌握各方面的技能；接着有两个月适应期，通过之后再独立给客户做方案。

安装师傅也是这样，招募进来的员工要求拥有一定的木工从业基础，培养一段时间后转为成品安装。不仅要求安装师傅在技能上满足施工要求，并且配套对应的奖惩机制强化责任意识，如果有客户投诉，将与对应人员的业绩挂钩。开会的时候，公司还会不断宣导，增强责任意识，让安装师傅随时把责任挂在嘴上并表现在行动上。

事实上，作为一家成熟的企业，每年服务100多位高端客户，从洽谈签单、设计到施工、售后的每个环节都已是常态化的工作，整个团队已经非常熟练。

一个项目无论如何复杂，其实也就几个月的工期，涉及的工作内容都是明确且相对固定的。但对业主来讲，住进去后，可能就是一辈子的事情。所以，他会让每一位成员换位思考，把客户的家当成自己的家进行装修。更加难得的是，针对大部分客户，胡文晟都会亲自对接，到客户的家里走访，倾听客户的要求，与团队一起服务客户。

培养出有责任意识的人才，接下来就是想办法留住，胡文晟用评级机制替代了原先采用的“底薪+提成”模式，针对每个部门都安排了评级，并与收入挂钩。当一个员工的能力上升到某个程度，级别会提升，薪酬也会提高。同时经常性组织培训，帮助每一名员工提升能力，扩大视野，这样也能增强公司的黏性。

目前的永康区域，高定木作品牌有所增加，竞争走向激烈。针对未来，胡文晟已有部署：一方面筹备1 500平方米的整装集合店，重点聚焦客户体验的升级，提升客单值；另一方面继续加强得力人才的培养。培养好店里的两种人，一种是直接服务客户的人，包括销售、设计与工程等；另一种是为服务客户的人提供支持的人，为店里的人提供支持与服务，一起把客户的事情做得更漂亮。

江湖“萍”说

当很多经销商都在探索营销方式的创新时，胡文晟把精力放在了落地交付这件事情上。他虽然没有刻意营销，但把服务做细、把交付做好，其实就是最有效的营销方式。从他的经历与见解里，我们看到了家居人的认真勤奋，以及责任担当。

1.从市场选择来看，高端定制家居业务拥有比较广阔的基础，客户资源并不缺乏，预计随着高收入家庭的增长，以及家居消费升级浪潮的持续到来，高端定制家居市场的机会还比较大。有能力的经销商可以重点考察，但在选品牌时，要注意厂家的生产能力与赋能经销商的履约能力。

2.当产品倾向同质化之后，竞争的着力点就在于客户体验是否做得比别人更好。客户体验涉及的链条更长，它包括产品质量、最终交付的效果、服务的精细化、响应需求的方式与效率等多个环节。把所有精力都投入客户体验的改进上，往往更能为客户创造价值、赢得客户的认可，近悦远来，由客户圈层影响带来的业务扩大是水到渠成的事。

篇 章 三

正在崛起的“90后”新锐——创新思维、引领时代的后来者

16 新店开业即遭遇新冠肺炎疫情，廊坊的“90 后”创业者破局而生

家居英雄

姓名：郭亚洲

来自：河北廊坊

正如本文标题所言，千辛万苦选择好了品牌、开出了第一家店，结果还没弄清水深水浅，就遭遇了新冠肺炎疫情，迎来当头一棒。而他，还是一位年轻的“90后”……

故事前情

无论什么时候，你与这位年轻人接触，他都像邻家小哥哥一般亲切；无论你提出的需求是否在服务范围之内，他都会为你提供超出预期的服务。作为一个经销商，他的专业知识储备，远超你的想象。在家装方面，无论有什么样的问题，他都能帮你解决。

2019年年底开出第一家店。2020年年底，通过品牌联盟、小区开发、装修实现盈利，拿到工厂的全额支持。

2021年，他又陆续开出四家门店，搭建起由瓷砖、橱柜、木门、金属门窗、入户门、定制构成的产品体系，为客户提供多元选择，并入选红星美凯龙全国TOP 1 000经销商、尚品本色品牌工厂的最佳新商。

这份成绩单，在年轻的创业者里并不多见。他是如何做到的？让我们走进“90后”郭亚洲的故事一探究竟。

高手过招

十年一线经验积累，打下起飞基础

上大学期间，郭亚洲就开始做兼职，为建材市场发传单、为瓷砖店待客。上学期间的实践经历，让他毕业后顺利进入一家北方建材名企。工作早期，他做过总经理助理和品牌经理。两年后，转型做销售运营管理，以职业经理人的身份，接手了北京通州区域的马可波罗瓷砖店。一年时间，单店营业额提升近一倍。第二年继续保持高增长，两年实现业绩增长140%。

基于这段门店运营的成功经验，2017年郭亚洲升任该公司北京地区的零售总经理，带领100多人的团队。工作五年多，他从助理转型营销管理、团队管理，再升任大区负责人，独当一面操盘零售市场。一线经验积累与市场实战，使得他年纪轻轻却成为家居建材行业的“老江湖”。

2018年，郭亚洲决定创业，接手了当地一家橱柜直营店。为了学好定制，郭亚洲在安装工地待了两个半月，每天跟师傅一起送货安装，帮助自己从成品转型定制，对投影面积、展开面积、板材环保级别、封边工艺等进行了全面学习，成了定制方面的专业人士。

经过半年努力，郭亚洲发现手上这个店大概400平方米，核算下来盈利空间并不大，而且店面位置、终端形象、品牌定位等，都不占优势。郭亚洲决心换品牌、换位置、换终端形象。

于是，郭亚洲到杭州、广州等地考察选品，综合对比品牌定位、产品体系、质量、经销商政策等，最终他选择了尚品本色。这家公司创办于2007年，以木门业务起家，属于细分品类里的头部品牌，全国门店超1 000家，而且全面布局橱柜、金属门窗、配套五金、智能家居、定制大宗业务等，提供门墙柜一体化高端定制的解决方案。

2019年年底，郭亚洲在廊坊开出了尚品本色的第一家店，可刚开业没多久就遭遇新冠肺炎疫情。不过，郭亚洲凭借扎实的营销拓客功底，快速打开局面。2020年的下半年，郭亚洲杀回老本行，又开起了瓷砖店。

多品牌多店开花，郭亚洲交出了创业以来的第一份年度成绩单。作为新入场的经销商，郭亚洲刚开尚品本色店时，他做了三件事情：一是主动邀请厂家的营销经理前来帮扶；二是与联盟合作，由联盟协助获客；三是用“木门+现金”的形式，换取了一定数量的公交广告资源。通过多方助力，打开了局面。

夯实承接流量的全部细节：文化、团队、销售、服务与案例

郭亚洲的经营思路非常清晰，在他第一年的战报里，有20%左右的销售额来自自然客流，也就是店内的成交。对于如何做好店内成交，郭亚洲总结了五点经验：一是团队文化的打造；二是终端+团队的基础架构；三是团队的销售能力；四是服务制胜；五是充分借助案例打动客户。

郭亚洲非常重视企业文化的作用，在只有三五个人做单店的时候，他就开始摸索打造企业文化，用了近两年时间梳理内容，构建文化体

系。他要求每个新成员，都要熟谙企业文化。他坚信文化一定是最强劲的内在驱动力，胜过物质的激励与外部刺激。

“卓固家居”这个公司名称寄寓了他的文化理念：卓者，殊而不凡，高超出众。表示产品与设计要卓然不同，这是对自己的定位；固者，牢固耐用，坚实守护。表示产品要耐用，并坚定理念，这是对客户的负责。郭亚洲还提出了“成就客户美好家居生活”的主张，要用自己的产品、服务、专业度等，守护客户对于美好家居生活的向往。

经营上，郭亚洲创造性地提出了“份额观”。他重点关注自己在商场里所占的份额，也就是商场经营良好的时候，自己所占销售份额的排名要靠前；商场经营状况不理想的时候，更要成为排头兵。做生意离不开竞争，有竞争就一定要有份额观。只有这样，生意才会做得更好。用占有率的份额为自己立目标，倒逼自己主动出击争取市场，对老板是一种激励，对团队也是一种激发。

很少有新经销商会在企业理念、企业文化上做大量功课，而郭亚洲的企业文化手册已升级到2.0版本。他在笔记里写道：“任何时候，都不能忘了自己的使命，不能松懈了做事业的情怀。”

郭亚洲认为即便是行销，核心还是落在转化上。如果客户来了，门店环境、产品形象、促销方案、设计方案都不行，那么还是成交不了。将终端+团队的基础架构打牢，确保客户来了之后，能够为客户提供专业的解答和服务，才能把客户留住。再采用各种主动获客办法，就能获得不错的效果。

工作时间，郭亚洲都在店里坐镇。一年多时间，公司服务了170多个客户，其中有约一半的客户，他都亲自参与了服务。

从创业初期开始，郭亚洲就在训练一支能打硬仗的销售团队。对于终端团队的培养，他始终保持着高标准、高要求，强调销售与服务能力。

在招聘环节，郭亚洲设置了门槛，要求招聘有经验的人员。加入公司后，除了老员工传帮带之外，还有业务培训，包括郭亚洲本人录制视频进行分享等。内部管理方面，公司设有明确的绩效考核标准，包括阶梯的底薪与提成。

同时，他在团队成员的销售能力培养上下足了功夫，对店内的销售模式进行了梳理与不断优化。其中一项是对进店客户的服务要求，核心理念就是“初次接待，决定50%以上的成交”。

为了做好初次接待，郭亚洲投入了很大的精力，全力为客户创造最佳的体验：要求导购人员对初次进店的客户需求、预算、需求的风格、竞品等，都要做梳理盘点，再精准提供风格、价格等匹配的产品，争取让客户坐下来沟通，并在沟通过程中清晰了解客户的需求，提供匹配的产品方案，增进互信关系。专业精准的产品推荐，既能节省客户的时间，也能提升客户的购物体验。

对于服务的重视，让郭亚洲在本地真正立足。他认为，如果做不好产品、做不好服务，那就宁愿不做这门业务。在17个人的团队里，有5个人专门负责售后服务。为了保证品质，郭亚洲亲自管理施工安装这一环节。安装师傅更是把其当成了一份事业去做，与团队成员一起提升客户满意度、维护品牌形象。

郭亚洲认为，家居建材是一个低关注度的行业。客户不了解，产品的后续服务又比较多。作为商家，一定要做良心事，真正为客户提供符合预算的好产品，并且要为客户提供未来五年到十年的服务保障。

客户案例的充分应用，是郭亚洲提升终端成交率的一大策略。一个典型的案例是，尚品本色店开业的前一天，郭亚洲从厂家要来客户安装与效果图案例，做成了五本册子放到店里供顾客翻阅。不同的风格、色彩，以及不同的产品体系等，都在册子中做了梳理。

在案例册里，顾客可以找到自己喜欢的搭配效果与产品，购物体验非常好。品牌方大量的客户案例也能充分地展示企业实力，并增强顾客信任——顾客看到这么多人选择尚品本色，会觉得这个品牌是有保障的。事实证明，案例册对后来的成交非常有帮助。

从细节入手赢得合作伙伴支持：左手品牌联盟，右手装修公司

品牌联盟、装修公司，这两大渠道对于郭亚洲的业绩帮助颇大。而这都是他一家一家地洽谈，不断获得合作伙伴的信任，靠着一路的积累，最终赢得了这两大渠道的合作与支持。

（一）联动品牌联盟，跑出加速度

在郭亚洲看来，品牌联盟是把金钥匙。联盟聚合在一起，不仅能够带动团队、提高获客成功率、促进客户转化，而且可以联合开发小区、开拓资源。此外，联盟还有两大价值：一是疲惫时，联盟能带着自己进步；二是联盟里建立有规范化的团队管理制度、有效的营销打法等，可以相互学习与探讨。

郭亚洲在做职业经理人时，就很重视联盟营销。很多人认为联盟就是做一场活动，相互带单。但他认为，联盟不是小落地，不是短期随意组合，而是要做精准的、深度的、长期的联盟，是常态化的经营配置。

在具体操作上，有四点需要注意。一是联盟的组建，需要注意匹配度。最重要的是老板的思维与人要匹配。选品牌合作时，先选两三个与自己的理念和方向一致的人，形成联盟核心。二是在组织设计上，有清晰的分工，包括财务、采购、物料、落地、氛围等都有对应的人负责。三是加强日常互动，如经常开会交流，提升对联盟合作关系的重视度。针对季度的团队拓展活动、年终的总结会等，联盟成员协商后一起合办。四是最好每个月都要有一次联盟落地活动。客流不是很多的时候，发动联盟，共享客源。开发小区时，联盟集中开发，出资源、出费用、出人员。

刚开始建立联盟时，郭亚洲从零开始，经历了比较艰辛的过程。别人不参加，郭亚洲就主动输出，先为参加的品牌商户介绍客户。渐渐地，大家认为这个创业者很不错，联盟合作才逐步打开局面。

在开发小区业务方面，联盟发挥了关键助力。单一品牌运作小区很难，成本也高，对客户的吸引力还不大。如果是全体系的主材品类一起做活动，各种好品牌都有，一站式购齐，打包还有更大的优惠，对客户的吸引力会很强。因此，在开发小区、建微信群时，都是以联盟集体形式，优选一线品牌，把全品类产品输出给客户。在微信群里整合联盟资源一起落地，提供服务时，联盟成员轮流安排人，并联合投资，费用联盟一起承担，投入产出就比较高，给客户提供的服务也更好。

从尚品本色开业，郭亚洲就重点推行联盟营销，不同联盟会整合不同数量的商户，如小联盟8家、中等联盟14家、大联盟24家，还有全商场的联合作战、分军团等，最多时做到了50多家。

（二）一家一家谈，与20多家装修公司建立合作

在郭亚洲2020年业绩单里，装修公司渠道占到了约20%。整个廊坊地区，具有一定规模、知名度的装修公司总数约100家。截至2021年5月，郭亚洲已建立合作关系的就有40多家，其中深度合作的20多家。

在与装修公司的合作洽谈中，他探索出了几点心得。

1.洽谈沟通一定要有力度，老板适合打头阵。

2.跟设计师合作，需要精准掌握不同的合作关键点。

3.一定要有专业的人负责对接。

4.不同的公司重点不同，要想对应的办法，抓住合作关键点与相互的价值。

5.从具体品类来看，瓷砖与装修公司合作，要突出设计能力，才能争取成功。尚品本色的合作以设计、安装作为优势，借助大量成功案例，增强装修公司的信任。

6.代理的每个品类统筹到一起，推荐给装修公司渠道，而不是单一品牌去推。

同时，郭亚洲提了三点需要注意的地方。

1.如果自己不擅长交际、不适合开发装修公司渠道，没有团队对接，没有设计师，没有好的产品体系，建议不要做。

2.交付与服务必须做好，只要有一两家没服务好，很快就会传开。口碑坏了，后面就更难做了，因为装修公司是比较小的圈子。

3.装修公司渠道锦上添花，必须要看匹配度，评估合作稳定性，尤其是要评估合作方式。

成一个订单，交一位朋友

在C端客户的开发方面，郭亚洲全力做好两件事情，一是微信群的运营；二是老客户的推荐。做成一个订单，就要交一个朋友，全力保证客户的满意度。这种经营思维的落地，使得他在本地赢得了很好的口碑。

（一）从细节入手运营微信群，建立密切关系

郭亚洲一直在全力做微信群的转化，而且主要做两个群体：老客户建群、交房小区建群。

在客户交房之前，就会建微信群，交房的时候会帮助验房。验收之后协助客户做装修规划、装修预算等事务，始终与客户保持紧密连接。

为了更好地服务小区业主，他每天都会在微信群里聊天，客户只要有需要，他随时都能提供解答与支持。在聊天沟通的过程中，自然就会产生有合作意向的客户。同时，也可以在聊天中分享活动以及产品信息，让客户对品牌有一个初步的了解。这里有两个典型的案例。

案例 1

2020年开发一个小区，前期做了一些工作，但没有实质性突破。后来有两个准客户，同时来店里看产品，在商谈的过程中，建立起信任关系。然后，他通过这两个客户，在小区群里发起了团购。就这样，郭亚洲当天建立了一个约40人的意向客户群。后来，他采用类似的方法，又成功运营了几个小区群。

案例2

某新交房小区，一位客户成交后，郭亚洲跟客户建立了比较好的关系。客户请他进群，但群主不通过，要求必须有购房合同。怎么办？最后，郭亚洲只好以客户亲属的身份入群。

后来，他在群里不断交流互动，为客户及时雨般地提供了很多超出预期的服务，业主们慢慢信任了他这个装修专家，他才逐步透露自己经营的产品，告诉大家可以打折优惠。

当然，之所以能够赢得客户的帮助，实现小区群里的引流，根本原因还在于郭亚洲服务质量非常好，客户愿意信任他。除此之外，郭亚洲还会举办一些公益的家装讲座，提供免费的家居设计效果图等，进而加强与客户的联系。

（二）老客户的转介绍：从小订金客户开始

作为一个新商家，按理说是没有老客户转介绍的。但郭亚洲重新定义了老客户，他把收了订金的客户，都当成老客户来对待，争取获得他们的推荐。具体措施有三点。

1.做成一个订单，结交一位朋友。木门与定制业务的服务周期长，从前期拆改，到过程中的设计、出方案，再到后面的安装调试等，会一直与客户打交道。尊重客户，提升交付质量，坚持高质量服务的经营理念，让郭亚洲在2020年实现了零投诉，并成为商场里的五星服务商户，在客户中赢得了很好的口碑。

2.客户也很忙，即使非常满意，也往往很难主动帮忙推荐新客户，所以需要销售人员主动提醒，争取客户帮忙转发与介绍新客户。比如，可以跟客户商量，能不能帮忙在群里发个安装视频？能不能帮忙推荐一下身边装修的邻居与朋友？

3.在争取老客户转介绍时，并不一定需要利益驱动，而是要从信任度上、相互帮助上入手，提供超出预期的服务，帮客户解决问题，再争取转介绍。当然，对于老客户推荐的新客户，要尽可能给出最大的优惠力度。

江湖“萍”说

郭亚洲是一个受到中国传统文化熏陶的年轻人，他谦虚礼让，讲究孝道，待人真诚，同时又特别爱思考、爱琢磨。这样的性格背后却藏着一颗熊熊燃烧的创业之心，绝不服输的精神，刻苦钻研的态度、高效的执行力，这一切糅合在一起，使他成了一个特别受人喜爱的年轻创业者。他的经历里，有很多值得我们学习之处。

1.在做经销商之前，通过大平台积累的工作经验，让他具备了一定的企业化经营思维和管理经验，为创业带来了更大的成功概率。

2.一定要争取商场、品牌的相互赋能。郭亚洲选择的品牌，都具备很强的背书能力，能够让客户产生信任感。再者，他与所在商场充分互动，将联盟活动落地商场。这样的商户，商场也会给予最大的支持。

3.尽最大努力贴近用户。郭亚洲一直在寻找最接近客户的地方，包括商城（联盟）、装修公司、微信群等关键入口。他分享的经验是，业主来家居卖场之后，联盟是最好的获客方式；咨询装修的阶段，装修公司是入口；到小区前置获客，微信群又是最好的入口。

4.做建材经销并没有太多守正出奇的办法，几乎没有你会而别人不会的办法，长久的经营之道还是扎扎实实做好店面、团队与经营。从郭亚洲的经营方式里，我们看到的都是对细节的深耕、对服务的追求，一点一点把事情做好，最终的成果必然不差。

5.作为创业者，要想成功，必须要有强烈的进取心与坚定的决心，并为目标付出长期的努力。这种精神与行动力，是经销商成功的内驱力。郭亚洲在这方面表现得很突出，他很清楚自己的战略、经营逻辑与接下来要走的路。

对未来的发展，他已有明确的目标：一是把团队打造好、把机制建好，通过管理能力、团队能力提升做大业绩；二是把渠道进一步拓宽做深，确保产品、销售、服务都能承接。

郭亚洲第一年的突破还仅仅是开始，2021年销售已在节节攀升，他未来要走的路还很长……

17 花样年华跨界而来，仅用一年营收翻番，她做对了什么？

家居英雄

姓名：刘　桃

来自：江苏徐州

这个小姑娘的职业跨度有点大，从女子排球国家一级运动员，到出演电影《夺冠》的排球队长，再一跃来到家居界。她将运动员“只争第一”的精神带到了家居界，融入经营中，重塑团队士气。仅用一年多时间，就实现了公司整体营收翻番，带动整个团队状态彻底改变。

故事前情

过去的14年里，刘桃一直在打排球，是女子排球国家一级运动员。在山东大学就读期间，年轻的刘桃担任了山东大学女子排球队队长；在2020年上映的电影《夺冠》中，她还出演了国家队队长冯坤。

这样的人生经历，看起来与家居经销商的身份八竿子都打不着。但转折发生在2020年6月，她以普通销售人员的身份，进入了爱人的企业。之后，以总经理的身份接手公司经营。仅仅用了一年多的时间，单品牌月营收实现了十倍的跃升，整个公司的业绩实现了翻番。同时，她还将核心品牌君和的门店扩大到700平方米，成为全国单系列中最大的新中式店面。

事业成功转型，实现优异业绩，她做对了什么？接下来，我将带你走进她的故事……

高手过招

员工管理，重振团队士气

员工管理，就是解决人的问题。刘桃接手的是爱人的家族企业，该企业2003年创立，在徐州已经经营19年，一度是当地最大的欧式家具经销商之一，旗下代理了十几个欧式品牌，基础打得很好。

但近年来，家具市场发生了非常大的变化，企业没能及时转型，内部管理也没跟上，导致公司当时处于亏损状态。

进入企业前，刘桃对家居建材行业并不了解，但在14年排球生涯中，长期带团队的经历，让她非常清楚，采用什么样的方式能够有效激发团队成员的潜力。

进入公司后，刘桃默默观察，发现了三个问题：一是没有晨会、夕会，没有基本的管理制度，员工很懒散；二是服务意识不强，如客户到店后，接待工作跟不上；三是员工喜欢推卸责任，不会主动找自己的问题，如没签单，员工都会把责任推到客户身上，说客户只是来看看，并没有购买意向……

这些现象让她意识到，公司效益不好，并不一定是市场难做，而是团队管理存在问题。因此，她接手公司后，第一步工作就是培训员工，调整管理制度。刘桃认为，企业发展的关键在于员工的成长。不是企业挣钱了，员工才挣钱，而是员工能挣钱，企业才能做好。因此，在接手后的一年多时间里，她一直把员工的成长放在第一位。

别看刘桃才二十几岁的年纪，做起事来却非常有章法。

（一）统一价值观

思想是行动的指导，统一价值观之后，才能长期在一起做事情。于是，她和每一位员工都分别进行了深入交流，征询他们的意见，了解他们在公司的发展规划。

或许有的员工并没有给自己设定清晰的发展目标，但她并不希望员工就这样得过且过，于是她为这样的员工设定了目标，以便他们保持上进心。

（二）帮助员工养成良好工作习惯

刘桃把每天的工作内容高度细化，从早到晚，每个时间段都有安排，节奏非常紧凑。刚开始，一些员工看到工作清单，觉得难以接受。但养成习惯之后，反而会觉得这样很充实。

商场早上9点开门，他们的员工 8：40 就上班了，基本每天都是商场里最早开灯的门店。从8：50开始15分钟的晨会，激发员工能量。为了保持新鲜感，内容需要经常更换，比如安排各种不同的游戏、舞蹈歌曲、有奖竞猜等，有时候还会让员工准备励志故事并上台演讲。晨会的最后，要以喊口号的形式结束。喊口号能提升员工士气，喊出来整个人的状态会完全不一样。

周一到周五的晨会结束后，门店还专门安排了学习时间，熟悉产品、了解价格，还会学习经营管理知识，以及读书，比如稻盛和夫的《活法》《干法》等。

员工忙碌一上午有些疲惫时，刘桃会在午饭后组织合唱、跳舞，将气氛活跃起来，让大家有一个饱满的状态。

每天18点，会开20分钟的复盘夕会，对当天工作的一点一滴进行分析和总结。每个工作日，员工还要提交工作日报。刚开始，员工都是敷衍着随便写几句。即便如此，刘桃也依然认真点评。渐渐地，大家认识到了写日报的意义，也写得越来越认真。此外，每个月还会组织两次线上培训，涉及各种主题，如案例复盘、专业知识、全案讲解等。

刘桃通过细化工作内容，不断强化执行，最终使员工养成了良好的工作习惯，促进了团队的发展壮大。

（三）随时保持工作状态

在商场里做销售，状态不到位很容易出问题。刘桃认为，只有员工状态好了，才能更好地服务客户。

每天紧凑的安排，除了培养良好的工作习惯之外，还有一个重要的作用——提升员工的工作状态。为了让店员随时保持工作状态，每天会组织两三场短暂的小培训。如果一直在门店站着，员工很容易松散懈怠。这些安排，对于员工提振士气的效果很好。

（四）打造学习型组织

接手企业的这一年多时间里，刘桃每天都会和员工谈话，了解大家的需求是什么、需要公司提供什么帮助，以及公司有哪些欠缺的地方，应该如何去改进等。

同时，她也一直在推动员工读书，发起了“每个月共读一本书”活动，并且鼓励大家分享。刘桃还常常动员员工参加培训。比如，工厂组织的一场培训，她就组织了12名员工前往参加，学习更多专业知识。

她希望团队成员能依托公司提供的平台，不断成长，成为行业里的专业人才。

（五）营造人文关怀氛围

除了工作上严格要求外，刘桃也在努力营造浓厚的人文关怀氛围。

每次出差，她都会为员工带礼物。团队成员需要什么，也会尽力提供支持：比如一名员工家里有一对双胞胎，她就经常买一些小礼物送给孩子；员工的家人生病了，她只要有空就会带着红包上门看望，如果太忙也会请人事经理带着礼物看望；工厂发给经销商的奖金，全部分给每名员工……

虽说整个团队面临的业绩压力比较大，但刘桃并不会随意放弃任何一个可能掉队的成员。曾经有一名员工，连续几个月业绩不好，已经准备离职。刘桃找到她谈话，为她打气，并鼓励她再努力一个月。后来，这个员工竟然成了月销售冠军。

刘桃认为，一个管理者100%地用心对待员工，员工是能够感知到的。在一家具有人情味的公司里，员工的工作效率往往会更高。

（六）以身作则，榜样示范

榜样的力量是无穷的。刘桃作为公司总经理，依然每天与员工一起接待客户、布置门店、打扫卫生。

每天，她第一个到公司，时刻冲在一线。在这种奋斗精神的鼓舞下，员工对工作更加认真、负责，而且很多人都为自己定下了职业目标。

在业余时间，刘桃还运营了桃子书房，并定下了每年要读60本书的目标。她说，这个时代，体力与脑力要双拼。

管理变革，激发员工力量

团队的力量能够被激发出来，离不开有效的管理制度。其实，团队的管理制度不在于多，也不在于新，而在于是否有效，并且需要长期坚持。

（一）日常制度调整

增加了晨会、夕会，以及例会。晨会带动一天的工作状态；夕会分析当天出现的问题，不断总结经验与教训；例会每周召开两次：周四复盘前三天的工作，周日复盘整周工作。每周一早上的晨会，每名员工都要发言。此外，还组建了微信群，随时提问，随时探讨，随时解答。

（二）塑造仪式感

刘桃非常重视仪式感。别人可能只是偶尔尝试一下，她却将仪式感具体化、制度化。

1.员工的生日，大小节日，都会赠送鲜花等礼物。各个节日都会有活动安排。

2.每周评选表现优秀的员工，在例会上发言。月例会评选出当月优秀员工，发放证书、鲜花，并安排上台发言。

3.对于业绩排名前50%的员工，会举行仪式，现场发放现金工资，并邀请他们上台发言。刘桃还会为每个人写寄语，由主持人在会上朗读。

4.每个月，各部门会组织聚餐、团建活动。如大家一起动手包饺子，或者举行座谈会等。员工们欢聚一堂，互相增加了解，促进员工之间的配合。

刘桃曾说：“一年365天，大大小小各种节，天天都和我们有关系！”

（三）优化激励机制

公司要发展得更好，必须吸引更多人才加入，这就离不开激励与分红制度。在刘桃经营的公司，月度、季度、年度都会有奖金和分红；工作满三年之后，员工还有机会入股。

为了让激励更有针对性，刘桃还设计了很多特别定制的奖励方式，并且用心地为他们写上评语。奖励对象有三类：第一类是业绩好的员工，比如第一、第二名；第二类是成长奖，针对上个月在谷底，这个月有起色的员工；第三类是开单的新员工，新人只要开单就安排上台演讲，从而增强他们的自信心。

面对目标，敢于“亮剑”

过去14年的排球生涯，夺冠精神、赢的意志，在刘桃身上刻下了深深的烙印。对于目标，她从不退缩，敢于“亮剑”。

刚进公司的时候，刘桃还只是一名普通的销售人员，在门店里销售家具。她开发的客户，都是其他同事认为很难的，不可能成交的客户。

后来有一次，刘桃带员工参加君和工厂的促销活动培训，看到自己的门店排在第27名。她一看，这怎么行，必须要进前三。于是咬咬牙，报名了冲刺100万元销售额的活动目标。

所有人都不看好刘桃的这一举动。刘桃当时也并没有制定好清晰的战略战术，但她想，如果连赢的信念都没有，又何谈发展？并且，她相信团队的潜力。结果，在月底最后一天的21点多，活动成功了，并且80%都是现单！

（一）新人开单

以前在高端家具市场，有这样一个说法：新员工要培训三个月后才能开单。

但刘桃告诉所有新员工，客户来家居商场就是来买东西的，新员工一样可以开单，而且背后还有队友、店长提供支持。为了鼓励新员工开单，她还告诉新员工：“只要你把客户邀请过来，我就能帮你把单子签下。”

事实证明，新员工听老板这样说，一定会努力做好第一步。之后店长、老板带着签几单后，新员工也就掌握了销售技巧。因此，在他们公司里，新员工开大单是常有的事。

（二）现单思维

从市场竞争的角度出发，她认为，必须坚持“现单”的销售理念。对于到店的客户，必须服务到底。于是，她每天讲、重复讲，帮助整个团队养成了现单思维，争取服务转化每一个进店的客户。

成交心法，细致服务留住客户

员工培训到位、斗志昂扬，再配套相应的管理制度，接下来就是狠抓成交率。

（一）发掘需求，尽力留住客户

刘桃的理念是，客户不会无缘无故来逛家居市场。凡是来的，必然有需求。她带领员工想了很多办法，尽最大努力留住客户。每次只要想出新办法，就先试用。如果效果不理想，就会全员复盘，找出问题的根源，针对细节下功夫。

他们模拟了很多现实场景，比如当顾客说“我随便看看”，销售人员如何说才能挖掘出客户的真正需求；当客户说“太贵了”，准备要离开的时候，销售人员怎样才能把客户留下来。这些常见的问题，他们都会组织团队成员一起探讨，从中挑出最有效的方法，再进行全员培训。

客户会有很多离开的理由，但作为销售人员，不能被这些表象的理由所影响。客户为什么会走？最重要的原因是不了解产品，没有体验过服务。所以当客户想走的时候，千万不能直接放弃，而是要想办法将客户留下来，邀请客户进一步体验。只要客户坐下来了，就能争取更多的机会。

刘桃特别擅长洞察客户心理。她在店里准备了大量礼品，比如各种书籍、茶叶、扫地机器人等，通过赠送礼品，拉近与客户的距离。

在刘桃刚进公司时，遇到过一个客户。这个客户已经来店里看过两次，但还是犹豫不决。有一天，刘桃通过客户的朋友圈，发现对方喜欢科比，于是抢购到科比的自传图书送给客户，最终成交了一个大单。

刘桃还遇到过一个客户，孩子两岁多，于是挑选了一些亲子书籍送给客户。客户非常意外和感动，对刘桃的评价非常高，自然更愿意复购和转介绍。

还有一个喜爱茶叶的客户，本来已经考察另一个品牌很久了。客户来店里的时候，刘桃将自己上山采摘的茶叶送给了客户一份，并详细分享了这种茶的做法，最终客户被刘桃的诚心所打动。

做一个真正懂客户的销售人员，才能走进客户心里。

（二）创造令人为之感动的服务

在留客环节，如果要说有什么秘诀，那就是创造一种令人为之感动的服务。刘桃认为，一家公司营销做得再好，但如果服务不到位，最终也是做不好的。

感动服务，一切都在细节之中。

有个客户带着女儿来店里，小女孩对店里的装饰品芦苇很感兴趣。员工就拿出一根芦苇包好，再用红丝带绑上一个蝴蝶结，送给了小女孩，客户感到很高兴。等到客户要离开的时候，店员又做了一个出人意料的举动：她扶着小女孩坐好，帮小女孩把鞋脱掉，为她戴上了一个驱蚊环。原来，店员看到小女孩的腿上被蚊子咬了好几个包。

将客户当作家人，从细节入手，才能彰显心意。刘桃说，自己常常也会被团队成员的这些行为所打动。

这类细节还有很多，比如看到进店顾客背着包，要留意看看包重不重，是否需要帮忙；夏天，看到客户额头有汗，及时递给客户纸巾；店员送货到客户家里，会帮忙为花园除草……同样的细致服务还体现在老客户维护上，刘桃带着店员为老客户提供家居保养服务时，还会带上水果等礼物。

这样的贴心服务，不仅促成了客户的增加与业绩的提升，同时还形成了有特色的品牌效应，进而塑造可持续的竞争力。

（三）优化送装服务，搭建服务闭环

在送货安装服务环节，刘桃也想出了一揽子办法，搭建服务闭环。

1. 名称上改变

将原来的“送装部”，改名为“客户满意部”。从名称上强化员工的服务意识。

2. 目标上明确

从客户满意部打出第一个电话开始，到最后完成服务，要实现一个核心目标，那就是客户非常满意，愿意转介绍带单。

3. 细节上落地

送货细则具体化，比如带吸尘器、礼花等。

那么，在服务落实上，又如何把控呢？重点采取了以下四种措施：

（1）客户满意度调查表；

（2）销售人员跟随送装人员上门，现场拍照与录制视频；

（3）安装完成之后，还要主动询问客户，是否有其他需要帮忙维修的地方；

（4）客服及时回访，获取客户对于送装服务的满意度评价。

紧跟趋势，打开拎包入住渠道

目前，从公司的业绩来源看，进店客流占到了50%，其余50%来自渠道。比如拎包入住，目前已成为公司重要营收渠道。

2020年，刘桃接手公司管理后，重新调整了之前的欧式家具品牌，增加了定制，并成立软装设计公司，组建了工程部，提供从前端设计、全屋软装配齐，到施工一体化的全面服务。

（一）踩准趋势

刘桃在看到精装房交付的机会后，就快速组建了专业团队，系统搭建了集专业设计、销售、安装一体化的项目组，而不是单纯安排原来的店面销售去对接。他们的设计师，都是专业的全案设计师，以支持整个业务的开展。

（二）品牌整合能力强

公司体量比较大，旗下拥有多个成熟的家具品牌，加上配套定制与软装，基本可以满足各种风格的需求。避开其他以拼盘形式开展的拎包入住缺陷。

（三）以设计为先导

先将方案制作出来，呈现出所见即所得的全屋场景效果。

刘桃要求公司所有人员都能谈全案，不管是部门员工，还是店面销售，都要具备谈全案的能力。员工必须要进步，既不能光在店里等客户，也不能只会卖单品。

在跟万科合作的过程中，刘桃总结了一些可供参考的经验。

1.交房前半个月开始准备。推广方式包括电话销售、邀请小区业主参观样板间等。

2.结合自身优势，创新营销方案。邀请客户参观样板间，争取客户当天支付意向金，之后出设计方案。如果客户不喜欢设计方案，则可以退全款。如此一来，使成交率高达50%。

目前，刘桃公司正在全力推进新楼盘的开发，设计部会根据所有户型，提前做出多套多风格的设计方案，满足业主各种需求。

回顾一年多时间取得的成果，刘桃总结了公司发展的十二字核心优势：设计为先、品牌赋能、顶级服务。她说："我们会不断发扬这些优势，将其真正打造成企业的核心竞争力，进一步实现企业的跨越式发展。"

江湖"萍"说

在刘桃身上，我们感受到了满满的正能量。直面困难、勇争第一的夺冠斗志扑面而来，用一年多时间实现团队、管理与整体业绩的大反转，让人看到了这个漂亮的年轻姑娘身上不同寻常的爆发力。

1.即使缺乏家居建材行业的经验，也并没有关系，只要会带团队、清楚如何激发团队的力量，把管理制度建立起来，把团队的价值观统一起来，把人的问题解决好，业绩的增长自然会水到渠成。所有业务的问题，本质上都是人的问题。

2.以身作则很重要，无论是接待客户签单，还是学习培训，刘桃都战斗在一线。从一线销售人员做起，与团队员工一起打拼，总结经验，寻找办法。老板的榜样力量，自然形成了公司前行的强劲驱动力。

3.顽强地创新，这一点在刘桃身上体现得淋漓尽致。在团队、管理、销售、服务等各个环节上，都能看到她孜孜不倦地创新，想了很多办法，试了很多点子，总结了大量经验，再与团队一起演练，把事情做得越来越好。

刘桃是这本书里最年轻的经销商，彻底颠覆了我对“90后”家居新生代的认知。她，前途无量。

18 市场看似已经饱和，一个新入行“90后”，如何用4年时间异军突起？

家居英雄

姓名：孙海东

来自：上　海

一个普通的“90后”，从展厅销售人员做起，到客户经理，再到展厅经理，然后走上创业之路，并且经营的品类是传统的建材品类——地板。短短4年时间，成为在上海这个强手如林的战场上的一员大将，组建联盟，创新营销，爆破活动，做得风生水起……

故事前情

“90后”在家居行业是怎样的存在呢？曾经人们认为家居行业起步不高，没有高科技，不是“90后”择业或者创业的首选。可现如今，我们却发现，越来越多的年轻人步入家居行业，并且发出了闪亮的光芒，成了家居行业不可或缺的一股新锐力量。

孙海东就是这样的年轻角色。他是一位“90后”上海地板经销商。虽然年轻，却也有着橱柜品牌工作四年、自己创业当经销商四年的打拼经历，硬是在地板这个相对饱和的市场中撕开了一道口子，创造了属于自己的商业天地。

他究竟是如何一步步走向成功的呢？让我们一起来品味孙海东的成长之路。

高手过招

初出茅庐的他，从基层做起快速提升自身能力

2013年，刚毕业的孙海东来到上海，在辗转保健品销售、电话销售等多个他认为“前路未卜”的行业后，最终来到红星美凯龙某橱柜做店面销售，从此开启了他在家居行业的征程。

（一）以踏实心态，在琐碎的工作中获取价值

初出茅庐的他有着极为传统的踏实观念：既然没有家底、学历又不高，就把工作竭力做到最好，赢得领导认可，才有发展机会。所以刚上岗时，即便是每天打扫清洁样柜他都认真对待，其他销售人员聊天时他也会默默聆听。

这些事看起来没什么价值，但是孙海东却通过这些工作锻炼了自己的记忆力，让自己能够更快地了解产品。在他的努力下，仅仅用了两周时间就对店内产品信息了如指掌。

当时门店组织了一场爆破活动，孙海东被安排到活动现场提供支持。不料，他充分利用了入职期间所学到的技能，在活动中一个人签下了14单，不仅拿到了200元奖金，还很快升任了客户经理。

（二）以空杯心态，在工作过程中吸纳能量

在打工这四年中，孙海东一路蝶变，从展厅销售人员，到五星客户

经理，最后竞聘成为展厅经理。除了自身能力提升外，他还获得了更为珍贵的资源和经验。

首先，他在从业中积累了很多好友资源，包括装修公司的老板、设计师、销售，异业品牌的老板，在上海从事装修建材的同乡等；其次，他对家居市场有了更深的认识。他当时所在的橱柜门店三年间营收从400多万元增长到1 000多万元，这让孙海东认识到，只要品牌好、店面位置好、店面布品丰富、各种活动高频，就能取得一定的成功。

这段工作经历为孙海东日后的创业之路打下了坚实的基础。2017年年中，他的人生迎来了新的转折点。

第一次做地板经销商的他，快速成为品牌上海前五名

2017年，孙海东选择了更具挑战性的创业之路，前期的踏实勤奋在此时得到了回报。

（一）开业即成功，靠的是踏实的积累

开始创业的孙海东选择了一个上海本地的地板品牌，工厂虽然不是很大，但是品牌方给予了较大支持，这一点吸引了孙海东。随后他租了一个年租金18万元，仅有50多平方米的店铺，用自己工作以来的十几万元积蓄交了半年定金，又花费5万元装修，此时他的积蓄已所剩无几。

由于店面小，他只招了一个人，大部分工作都需要自己做。他每天骑着电动车四处送样板，不断积累客户资源。辛劳得到了回报：2018年，孙海东做了一次厂购活动，经过20多天的推广，最后去工厂的客户

有近80组，坐满了两辆大巴车。

很快他开局首年的进货额，就在上海市场的20多家经销商中跻身前五名，获得品牌的强力赞誉。

（二）直面挫折失败，用平稳的心态拥抱未来

在孙海东以为一切都会稳步向前时，现实却给了他当头一棒。

当时品牌方的资金周转出现了问题，产品质量下降，品牌面临倒闭。这让刚起步的孙海东损失惨重。但是出人意料的是，这次挫折并没有击倒孙海东，不仅这次，在后来几次难关中他也没有被击倒。

关于这段经历他时常笑道：“胜败不仅仅是兵家常事，更是人生常事，事已至此多想无益，从头来过就好。”他决定重新选择一个品牌，再次创业。

第二次做经销商的他，一举成为品牌上海区域第一名

换品牌，该换什么、如何选择，这是难题。

（一）深入走访市场调研，带领新品牌稳步前行

为了选择合适的品牌，孙海东到浙江南浔做了深入的市场调研。当时一家具有多年历史的永吉地板招商政策力度很大，而且产品的花色不错。为了得到厂家更大的政策支持，他先在红星美凯龙签订了一个100多平方米的店面，带着展位去谈政策。随后仅半年时间，他的进货额就达到了100万元，工厂方给予了很高的评价。

（二）三大营销战略，一举成为上海区域冠军

2018年年底，孙海东开始集中发力。时隔一年，他的进货额就稳坐该地板上海经销商里的头把交椅，在这个过程中，他琢磨出以下三个营销策略。

1. 结交商场品牌，实现异业带单

进入红星美凯龙商场的第一时间，孙海东就坚定了“势必破局”的信念。于是他从商场的异业资源开始入手，勤奋地进行人脉耕耘。

他的第一个方法就是加入当时的商场群，将500名群成员逐个添加为好友，再逐个进行自我介绍，邀请他们到店喝茶，甚至为此专门购买了一个茶台。第二个方法是在商场组建的60个品牌大联盟的微信群中，每天派发数个200元的红包。群成员都很好奇他是谁，然后来到店里交流，最终成为伙伴。第三个方法是在红星美凯龙举办的每一次活动中，孙海东都会添加所有人为好友，再慢慢交流。同时，孙海东也会主动拜访一些比较强的品牌。

孙海东用这些最踏实、最勤奋的方法，积累了很多异业资源。其中更是不乏各类头部品牌经销商，他们都因为孙海东的人格魅力而为他推荐介绍客户。

2. 开启小区营销，助推业绩增长

2018年年底，孙海东开始做小区营销。当时只要把小区资源做透，赢得小区客户的青睐，每场活动都能获得几十名客户签单。

在开发小区时，孙海东首先会借助多种渠道，找到小区拓展的关键人。如在一手名单里寻找，在小区群中与群主或者活跃度高的群成员联系，还会请专业做小区营销的朋友帮忙寻找。一个小区要找到1~3个关键人，随后关键人将身边有需求的精准客户拉进微信群里，实现品牌与客

户的初次相识。

随后，孙海东会着重开始维护群内容，在群里分享一些专业的装修、选材知识，一来可以帮助客户，二来可以引起客户的讨论，让群内气氛活跃起来。同时，他还会将成交的客户合影发到群里，让大家对品牌产生信任。此外，还会发群红包，拉近与客户的距离。孙海东告诉员工，要对每一个承诺执行到位，才能让客户对品牌心生好感。

当客户对品牌产生好感后，孙海东才会安排销售动作，但也仅是在群成员提出家居问题时，请关键人在群中顺势介绍品牌，并将有意向的业主邀请到专门的群里；或是在小区群内发起团购邀请，来获得小区群成员的订单。

当小区客户资源稳定后，他开始着手塑造品牌口碑建设，比如为精装房改造匹配专项服务，由师傅免费拆除旧地板并负责处理。如果卖掉了还会将费用返还给客户，用贴心服务来实现社群客户的有效转化。

这样诚挚的营销方式取得了相应的回报：2018年年底，浦东小区的一场活动中做到了3万~5万元的客单值；2019年1月，30多人的微信群成交了20多位客户；2020年，又实现了两个小区开了100多单的佳绩。

3. 组建联盟营销，实现常态化带单

在积累了一定量的品牌门店老板资源后，孙海东开始思考不一样的营销方式。在多方学习中，他了解到联盟营销的方式，于是聚集一些软装品牌，探索出两种联盟打法：一种是品牌之间的联盟活动，通过“微信爆破与落地结合”的形式实现签单；另一种是异业销售人员带单，通过与商场内的店长、店员合作，提升销量。

虽然前期品牌影响力有限、店面位置不好，但孙海东的踏实与勤奋，有效地弥补了短板。他始终坚持的品牌联盟与异业合作这两点，在他代理第三个品牌时做得尤其成功。

投资第三个品牌的他，每场转化可超150单

2020年，孙海东具备了一定实力，他一直想找机会代理更有品质、更有品牌背书的产品，这次他终于等到了机会，一举代理了上市企业——德尔地板。他只用了一年时间就成了德尔地板30多家上海经销商里的进货额前三名。

这样好的成绩他是如何做到的？两条线：常态化的商户联盟和异业品牌销售人员带单。

（一）联盟合作，爆破活动，打出一套组合拳

孙海东现在主要运营两个联盟，加起来约30个品牌，每次做微信爆破，会有10~12家品牌参与。刚开始时这个模式做得并不好，每场只能成交五六十单，品牌的积极性也受到了影响。直到有一次孙海东前往工厂参观，结果才得以改善。

1. 深入学习，探索更专业的操作流程

那次，孙海东参加了浙江工厂的厂购活动。活动请了第三方公司操盘做微信爆破，当场就签了260多单。他把这次活动群中的内容全部保存了下来，对整个活动过程的操作细节跟进、学习、掌握，加之自己揣摩领悟，很快掌握了活动的核心要领。

他意识到联盟爆破的核心是有组织、有目标、有流程，至少要包括：以明确活动目标、布置工作任务的爆破动员大会；以统一话术为内

容的销售培训；活动前涉及活动内容与客户需求沟通的一对一电话邀约；销售人员要有高昂的情绪和斗志，提升活动氛围；建立目标客户微信群并积极预热；明确的活动任务与奖惩机制；预热时随时统计数据的动态播报等几项措施。

孙海东结合新学到的经验，踏踏实实地对原来的操作办法进行了纠正。再次组织活动时，10个品牌联盟做到了180多单，形势大为改变。孙海东现在主持的每场微信爆破活动基本都在150单以上，实现了三倍的突破。

2. 成功模型，科学可复制的操作经验

在一次次成功的佐证下，孙海东将方法也复制到了2020年代理的德尔地板中。联盟中8个品牌通过复刻经验，第一次做活动就达成了135单的佳绩。后来，联盟营销变成了常态化活动，一般都由孙海东主持，他总结出了一些独到的心得。

（1）当微信群达到400人左右时，大概率会爆群。一些客户会自己拉人进来，有抢红包的、有发广告的，所以品牌就要全力提升进群成员的标准，避免做假。

（2）联盟活动的投入可以控制到很低。甚至有时候一场活动，每个联盟成员只花费几百元，但收益却很可观。

（3）要主动为合作伙伴带客，进而带动全体成员的积极性。在联盟里，孙海东的带单量一直处于前三名，从而赢得大家的认可。并且要抓住有效资源，多去挖掘客户需求，发现能在联盟中一站式购齐的高质量客户。

在联盟活动的过程中，孙海东总是在强调联盟的合拍，这种合拍既是磨合出的舒适、默契的配合，也是彼此之间舍得贡献、利他精神的分享。

（二）异业品牌，销售带单，快速提高成单量

销售人员带单的营销模式是孙海东一直在着力推动的，具体来说就是通过扩大商场内异业品牌的店长、销售人员等资源，获得他们的带单。因为微信爆破活动转化是需要一定周期的，但是异业带单却可以直接带客户到店，随时随地成交。

为了做到异业带单，勤奋的孙海东牵头建起了一个500人的微信群，既涵盖了同行在内的各个品类品牌，也包括了各类店长、店员等销售人员。他不仅让店员在群里相互交流、相互推荐客户，而且要求他们主动走出去，与其他品牌的店员交朋友、共享客源信息。尤其对于实际带单的销售人员，他更会格外着意维护。因此，虽然孙海东的店面位置一般，却很受大家的关注。

当孙海东的异业销售带单成功时，他会给带单的销售人员一定的奖励：如果是联盟体系中的销售人员，则奖励200元，第一名提供额外的奖励；如果不是联盟体系内的，则会视情况提供固定额度的红包。同时，他还会在重要的节日为到店的其他品牌商户销售人员准备礼物。

关于异业带单这件事，孙海东认为关键点就是多走动、多沟通、多交流，无论是什么行业的品牌，也无论是什么职位的人员，从店长到店员都要主动去联络。这样做，一定会有回报。

店面如何提升签单能力：爆破+落地+绩效到人

孙海东运营的两个门店中，自然客流贡献的业绩依然占有相当比例，近年来他也一直在不断地通过各种方式提升经营效果。

（一）线上线下联动，获取社群潜在客户

以自己的店面为单元做“爆破+落地”的活动，联盟活动每月都会举行，而店面活动则是每两三个月做一场。如针对那些不经常互动的静默客户，孙海东会让店员将两个月的四五十位意向客户拉到群里，通过发红包、互动等方式拉近与客户之间的距离，从而让他们有购物需求时，可以优先考虑自己。当然，这个过程不以每个客户都成单为前提，而是要做到顺其自然，有则不骄，无亦不怨。

（二）两店相互带单，获取自然客流选择

在日常经营中，德尔与永吉两个店之间也会相互介绍客户，以此来争取客户的选择。如德尔地板的门店，周末会有十几组客户，当客户准备再去其他品牌时，销售人员就会介绍可以去看看永吉地板。他们可能会告诉客户：有一个浙江湖州的品牌也不错，做了20多年，产品性价比很高。

（三）提升团队能力，周全服务赢得客户

在各种方式之外，销售人员的能力才是店面签单环节的决胜点。孙海东培养团队用的是宽严并施的管理机制。

孙海东根据销售人员的能力水平，对拓展意向客户的数量目标进行量化，与之对应建立了以业绩目标为主，多方面综合考量为辅的绩效考核制度，和按季度、按利润分红激励制度。

制度之外，孙海东也会以人性化的关怀鼓励员工。家居建材的销售周期少则半月，多则一两年，刚入行的销售可能一个月都没能成单，这考验着销售人员的定力。孙海东会默默观察每位员工的工作状态，挖掘

每位员工的优势，帮助他们找到方向，让他们能够以自己的长处在激烈的竞争中留存、发展，走向成功。

市场局面如何打开：广交朋友、广开渠道

孙海东进入家居建材行业以来，非常注重积累资源。他有一个观点是："不能手头没有资源，要知道资源从哪里来，更不能不知道从哪里找资源。"所以他每做一个板块，都会踏踏实实地尽全力为他人把服务做好，把人脉资源建立起来。

（一）真心拜访，获得好友资源支持

刚开始创业的时候，孙海东做的第一件事就是梳理之前积累的资源，然后去逐一拜访。这件事对后来的业务发展起到了很大的助推作用。

比如，在德尔地板门店开业的时候，遭遇新冠肺炎疫情，很多人虽然没有到场，但收到的花篮就有200多个。为了配合开业，孙海东还依托红星美凯龙的平台，上淘宝进行直播；还制作了一个开业的宣传视频，邀请大家转发到商户群里，为开业活动的扩散再次助力。正是在好友资源的帮助下，开业第一天就成交了19单，两天成交30多单。在好品牌的加持下，孙海东实现了逆势增长，仅用一年就进入了该品牌上海经销商里的前三名，也获得了品牌的大力扶持。

（二）不断积累，拓展装修公司渠道

在全新的市场形势下，孙海东开始着力发展外部渠道，装修公司就是其中之一。带单量也从最开始的一个月四五十单，到后期十几万元客单值的大单。目前合作的装修公司有十几家，他还在计划扩大规模，并在团队里安排了一名员工专门负责渠道，重点维护装修公司。

孙海东认为，需要一套服务体系去支撑渠道开发。此外要评估装企的付款能力，避免结算出问题。孙海东坚信，这个渠道值得持之以恒地去浇灌，未来一定能带来很大的增量。

当回顾这些年的打拼历程时，孙海东认为他的成绩主要归功于以下三点。

一是不断突破自己的能力边界。在销售一线根据市场形势的变化，不断调整自己的奋斗姿态。

二是主动结交朋友。在每个阶段都主动与同行异业建立合作关系，积累大量家居建材品牌的合作资源。

三是扩大外部渠道。打开各种引流窗口，创造源源不断的营收来源。

江湖“萍”说

孙海东虽是一个普通的年轻人，但只用了短短几年时间就在大上海找到了自己的立足之地。虽然目前的经营规模还不是很大，正处于成长期，但未来已经可期。他的成功没有任何运气成分，全是一刀一枪拼硬仗拿下的。

这其中有他在刚做橱柜销售时，耐心擦样柜的勤奋和努力，通过最为简单粗糙的方式，去掌握基本的销售能力，随时学习、随时准备；有不论在哪一个阶段，都去主动社交、结交朋友，不论是同行还是异业，不论是老板还是店员，他都以“放低姿态，主动结识”的踏实理念不断付出；有在店面位置不好时，用主动行销、多元渠道去弥补店面条件的不足，打破了“一定要拿好位置”的传统思维。用成熟系统的活动、不断扩大的人脉来驱动整个公司的业绩增长。

他身上的闪光点很多：踏实勤奋、肯学肯钻、执行力强、主动社交、姿态平和，等等。他的案例与创业经验，非常适合于那些资源不够雄厚，但自己有一定能力优势，起步代理品牌非一线，并且门店位置不占优势的新晋经销商借鉴和学习。

在这名年轻的经销商身上，我们看到了平凡人走向成功的宝贵品质，那就是踏实与勤奋，以真诚待人、脚踏实地的心态，一步步赢得广阔的发展空间。

大商都是起步于小商，在锐意创新、坚韧不拔中一步步成长，而孙海东正是这样的潜力选手。

后 记

亲爱的读者，当你看完所有案例，相信你会和我一样，发现这些创业者有着很鲜明的共性特征：**他们有勇有谋，富有胆量，总能在看到机会的时候，毫不犹豫地出手。更重要的是，他们随时在寻找新的机会。**

他们敢于在每个关键时刻出招，收获一轮又一轮的红利。孔祥君卖房筹款，把所有的资金都投入新品牌；张强整合各方资源，用两年时间就开了74家店；陈中祥刚起步就把全部身家投入，同时开两家店；张鹏飞只要看中了商场的位置，就必须进场……

背后的逻辑是，用经验与视野加以判断，用执着与坚信去坚定执行，认为事情应该干，就要去干，并坚信能够成功。总之，他们对成功的执念超越常人。

有人可能会说，以前机会多，现在机会少了。事实上，每个阶段，都有它特定的机会：对于进取者来讲，总能看到机会；对于固守者来说，处处是难关。

他们保持进取，创新永不停步。同样的起跑线，为什么有些人只能昙花一现，而有些人基业长青？很明显，抓住一次机会，可能运气的成分多，带来的是一段时间的成功，而能抓住每个阶段的机会，就是运气+能力的体现，创造的是持续成功。

他们的高明之处就在于能够与时俱进，并且反应迅速。热销品类、潮流风格变了，那就立即调整；客流结构变了，就要及时布局新渠道。付向前将十几家品牌经营得风生水起；梁帅始终保持引领品类趋势的姿态；李良壤、郭亚洲等在迎战流量新周期时，走到了前端；孙海东将联盟营销用到了得心应手的境界……他们始终站在浪潮前沿，以敏锐的嗅觉感知着市场的变化，并且孜孜不倦学习新知识。

机会在变，市场形势在变，客流来源在变，各条赛道在变，服务方式在变，客户也在变。那么，我们自己是否在改变？是否勇于改变？

他们从不轻言放弃，把坚持做到了极致。他们或坚持在一个细分领域深耕；或坚持积累创造口碑；或坚持在自己擅长的渠道发力，如设计师、小区、联盟等。

孔祥君在建筑陶瓷领域打拼20多年，张鹏飞经营TATA木门已13年；应伟东扎根吊顶行业15年，单兵从一开始就专注左右沙发深耕，肖静红17年投身IMOLA瓷砖……在一个领域打拼十数年，像大树一样生长，把根深深扎下去，最后便能枝繁叶茂。

他们相信团队，追求体系化运作的力量。大部分经销商起步期都是靠自己或者夫妻档，或者兄弟姐妹组合。但是敏锐者很快就清醒认识到光靠自己，事业肯定做不大，于是立即转向团队的组建与打造。从招、用、育、留各个环节建立完整机制，打开员工成长通道。而且我们发现，这些颇具代表性的大商，普遍舍得分享，韩超东、应伟东、单兵、张强、陈中祥等都在推行合伙制，充分激发团队活力。

所以，这18位精英，背后就有18支能打硬仗的精英团队，老员工构成了核心力量，稳定中坚；新员工持续进入，唤醒青春力量。为团队扩大自己的经营版图奠定了人才基础。

他们普遍勤奋，从不懈怠。创业时自不待言，全年无休是常态，自己送货、安装、接待客户等，一直奔波在路上。

可贵的是，成功之后，他们依然很勤奋，只不过聚焦点有所改变，比如勤奋学习，了解新趋势、新打法；勤奋管理，建章立制，激发团队战斗力；勤奋创新，始终在琢磨如何做得更好……郭亚洲在安装工地待了两个半月；张强透露自己一年里几乎不休息；吕晓杰说，冬天卖场前第一排雪地脚印一定是自己的团队踩出来的……超越同行的努力，无疑是他们长期成功的最重要因素。

他们关注客户满意度，通过机制把客户服务做到极致。他们把客户满意当成及格线，追求的是非常满意。在此之上，还要为客户创造惊喜与感动。

应伟东推出的五分钟感动服务，让老客户转介绍纷至沓来；梁帅认为服务就是营销，要用服务取代营销；李良壤用会员服务搭建老客户私域；最年轻的“90后”新秀刘桃，极度用心，通过各种服务细节打动客户；胡文晟从不刻意做营销，而是聚焦把每一个客户都服务到最好；陈中祥把服务客户、沉淀客户资源当成一件长期事情，他认为服务的时候就纯粹做服务，不要总盯着营销效果……

所以，在这拨服务出色的经营案例里，普遍拥有比较不错的老客户转介绍与复购率，30%以上是常态。

当然，一个优秀经销商的成功，还远不止上述因素…… 希望你能从每一个案例故事里看到更多闪光点……

30年家居行业快速发展，有人大步前行，有人小步快跑。岁月洗礼，优胜劣汰。

未来，大幕开启。后疫情时代已经来临，消费者对美好生活的向往，提高生活品质的愿望被大大激发。同时，城镇化以及存量房时代带来的循环消费，为家居行业的发展又创造了新的机遇。随着“80后”和“90后”新生代成为消费主力，消费习惯随之改变，新一轮征程已然开始！

在这里，衷心祝福每一位读者以及所有从业者，抓住新的机会，在这片温暖的沃土繁荣生长，梦想成真！